MAKRAMEE
super einfach!

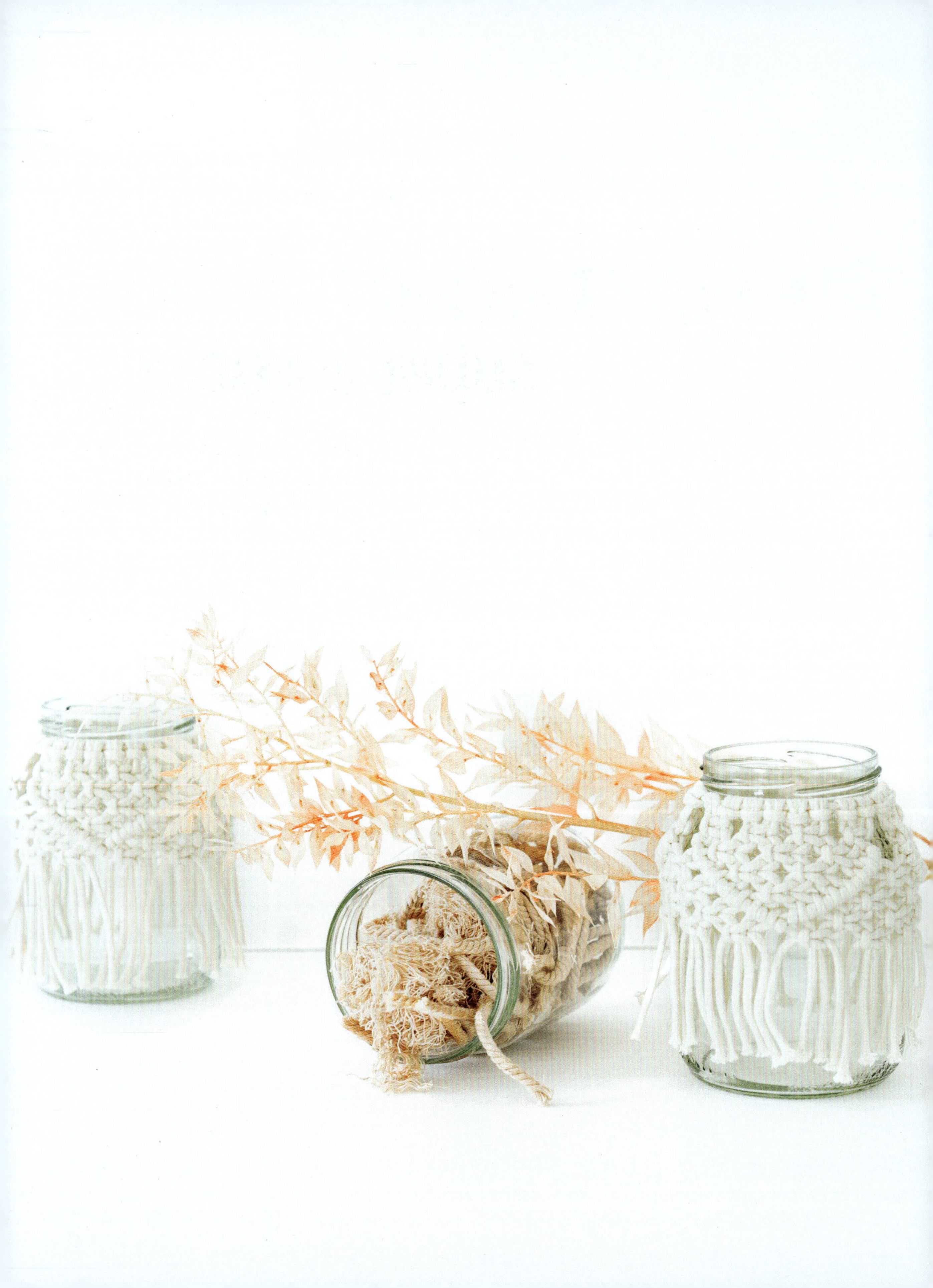

Françoise Vauzeilles

MAKRAMEE super einfach!

Über 30 kreative und praktische Ideen für dich und dein Zuhause

INKLUSIVE GRUNDKURS ZUM KNÜPFEN

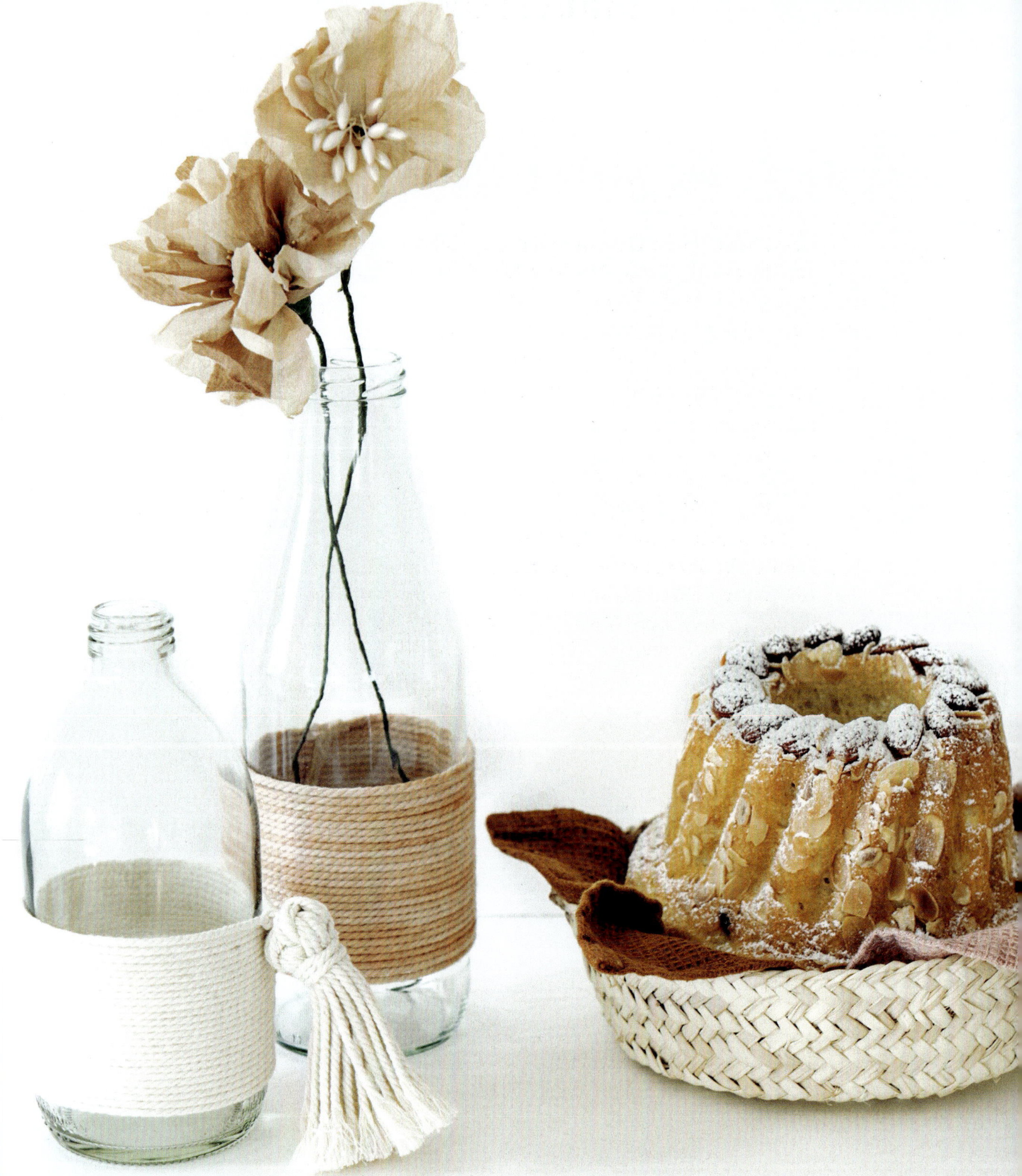

EINLEITUNG

Garn, Schere und Grundknoten genügen für den Einstieg ins Makramee – eine wunderschöne, aber prinzipiell sehr einfache Technik, die man in kürzester Zeit erlernen kann.

Dieses Buch stellt elementare Techniken vor sowie diverse nützliche und dekorative Projekte, die man im Alltag und im eigenen Zuhause bestens verwenden kann.

Sobald man das Wichtigste über Ankerstiche, Rippen, Kapuzinerknoten und dergleichen weiß, kann man loslegen und seiner Kreativität freien Lauf lassen, um einzigartige und originelle Stücke herzustellen.

Makramee-Kreationen sind Teil des traditionellen Kunsthandwerks, aber auch eine raffinierte Kunstform, und sie können sowohl in klassischen als auch in zeitgenössischen Interieurs zum Einsatz kommen. Man kann ein wenig Gold- oder Kupfergarn hinzufügen, die Baumwollfäden mit Veggie-Farben einfärben, mit Knotenformen oder Materialien experimentieren … der Fantasie freien Lauf lassen.

Viel Spaß dabei!

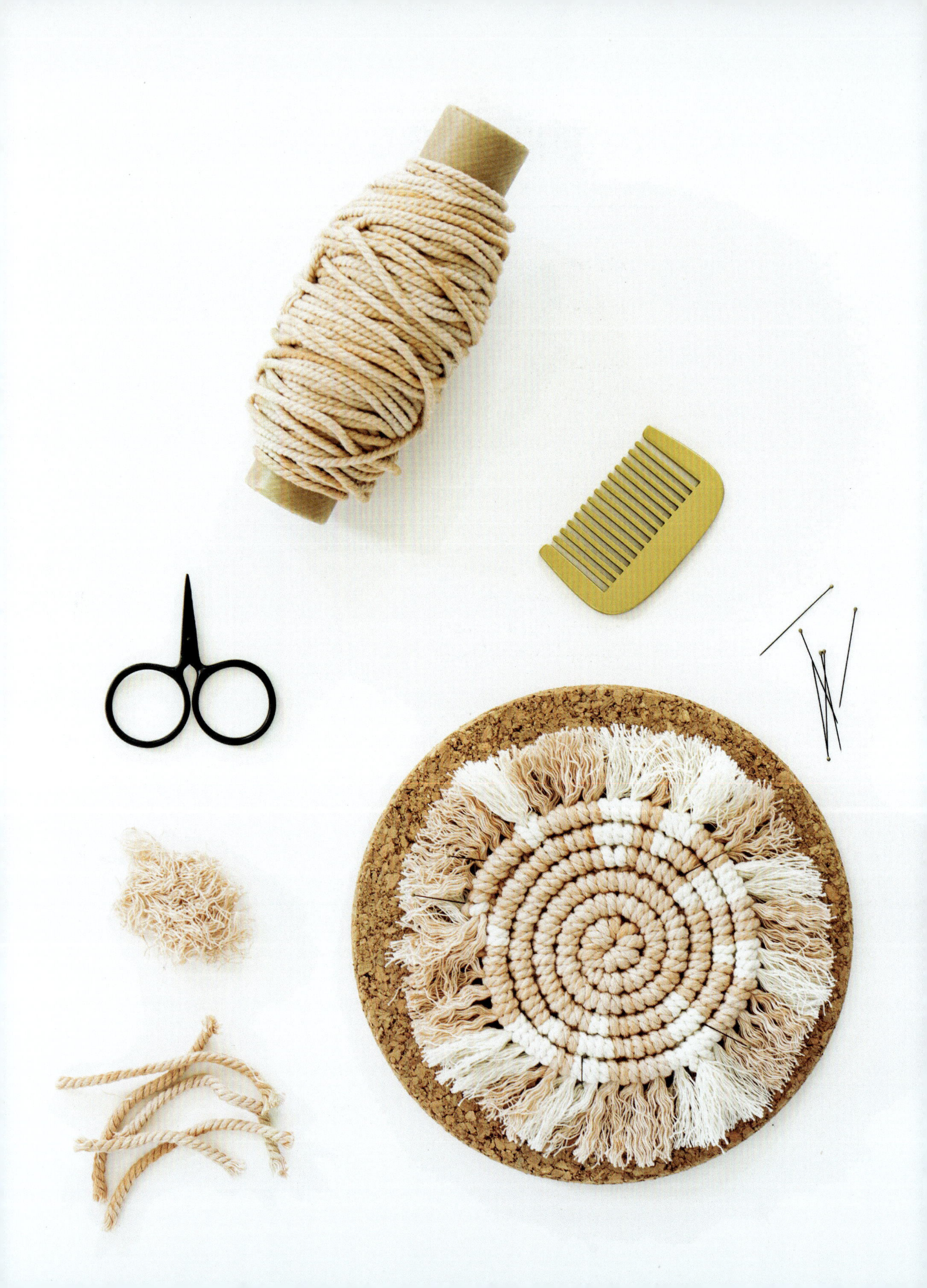

INHALT

MATERIALIEN UND WERKZEUGE

Für Makramee braucht man nicht viel Ausrüstung. Etwas Baumwollgarn und eine gute, scharfe Schere ist alles, was man für den Anfang benötigt. Für einige der komplexeren Projekte braucht es etwas mehr Material, aber nichts Teures oder Dinge, die man nicht in seinem Nähkästchen oder im Kurzwarenladen finden könnte. Als Material werden Kordeln und Seile verwendet ... geflochten, verdrillt, aus Leder oder Baumwolle, aber immer von guter Qualität, damit die Projekte hochwertig aussehen und lange halten. Manchmal braucht man eine Menge ... daher sollte man dafür sorgen, immer genug Material vorrätig zu haben, um ein Projekt abzuschließen. Besser zu viel als zu wenig!

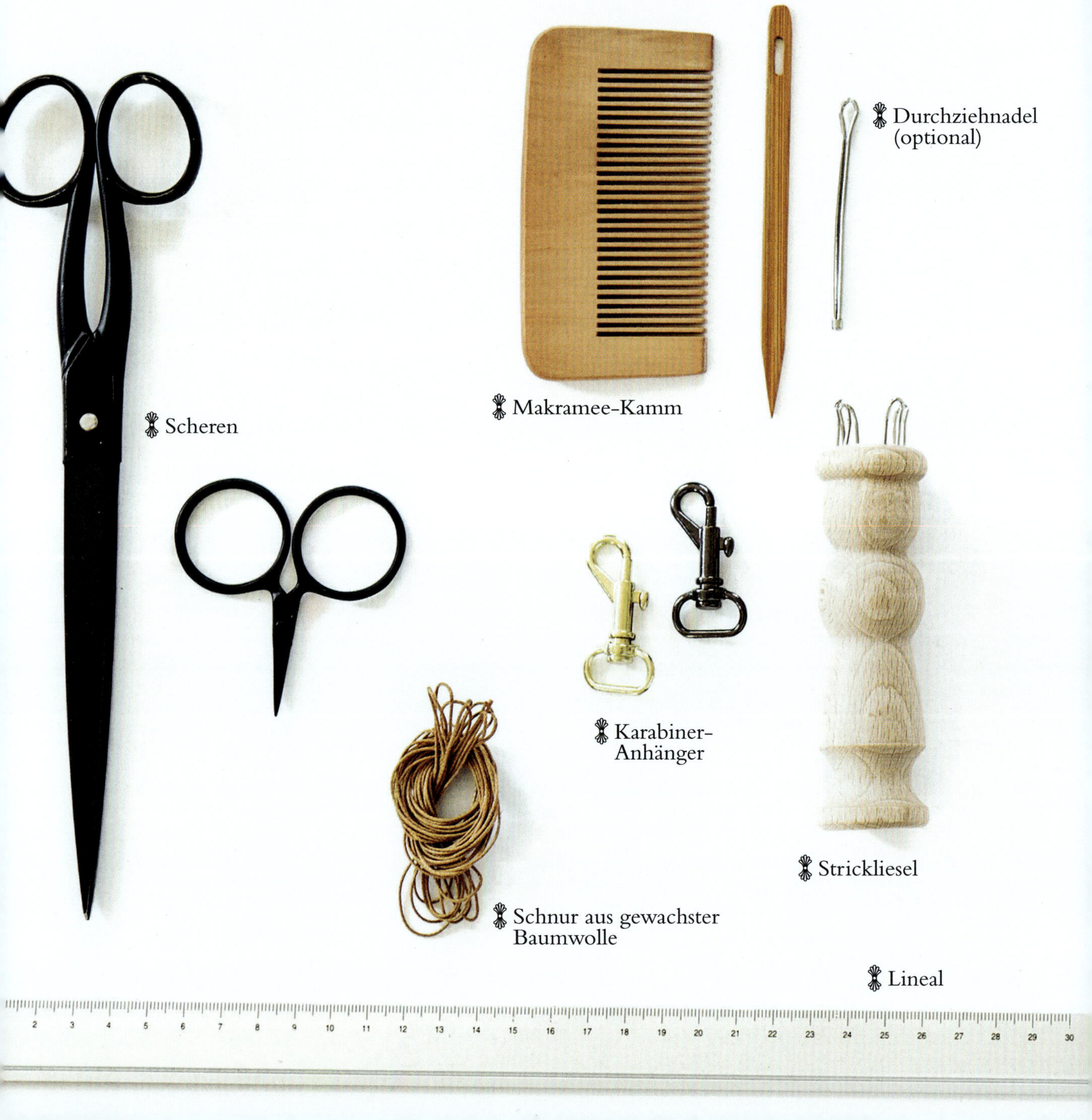

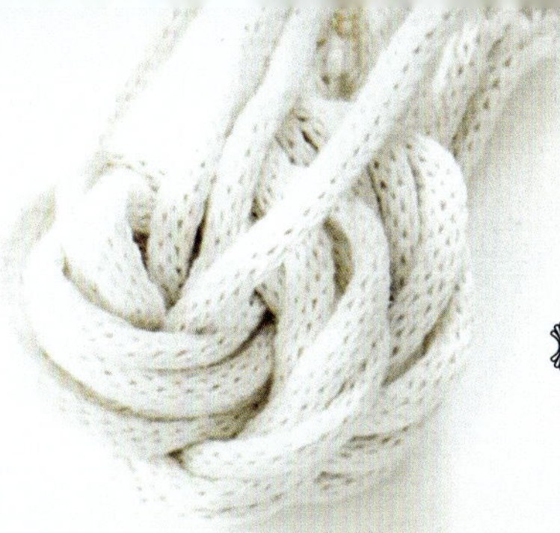

recyceltes Garn

Kordel

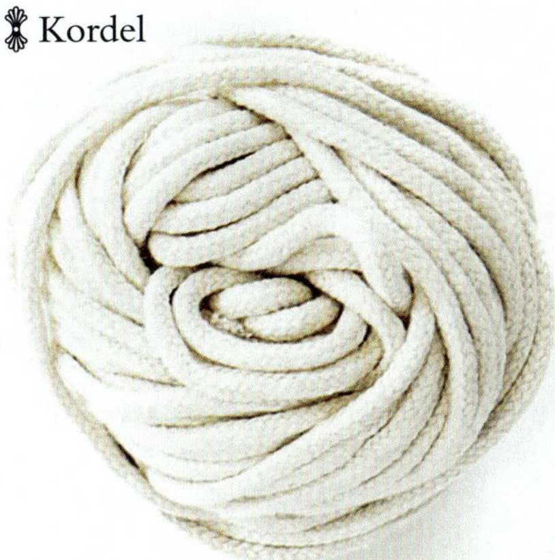

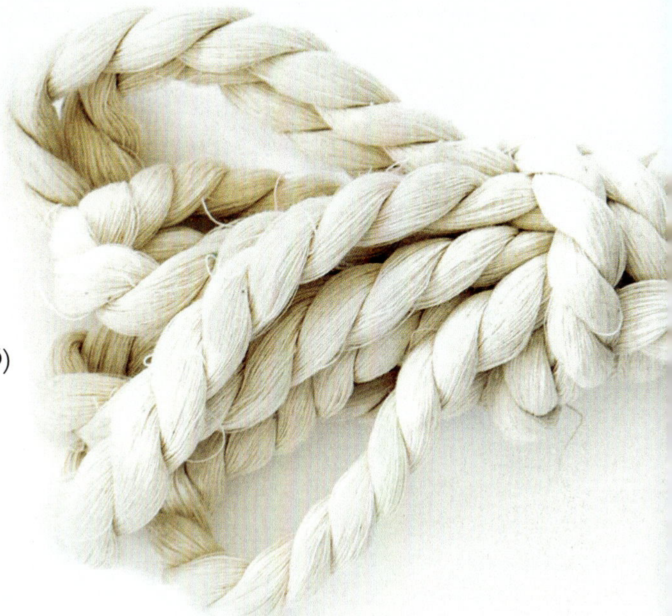

Seil (8 mm Ø)

Seil (4 mm Ø)

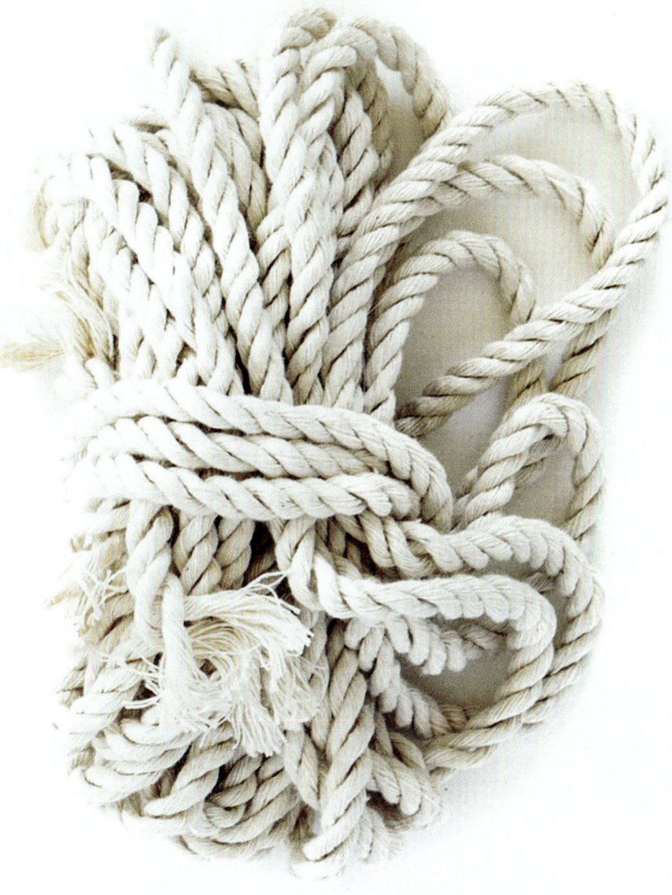

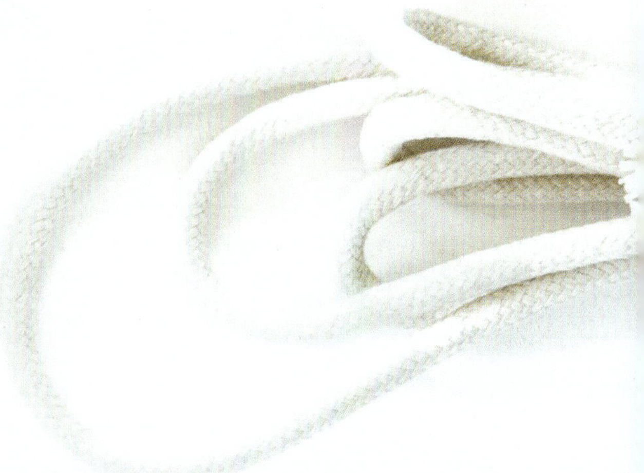

Polsterschnur

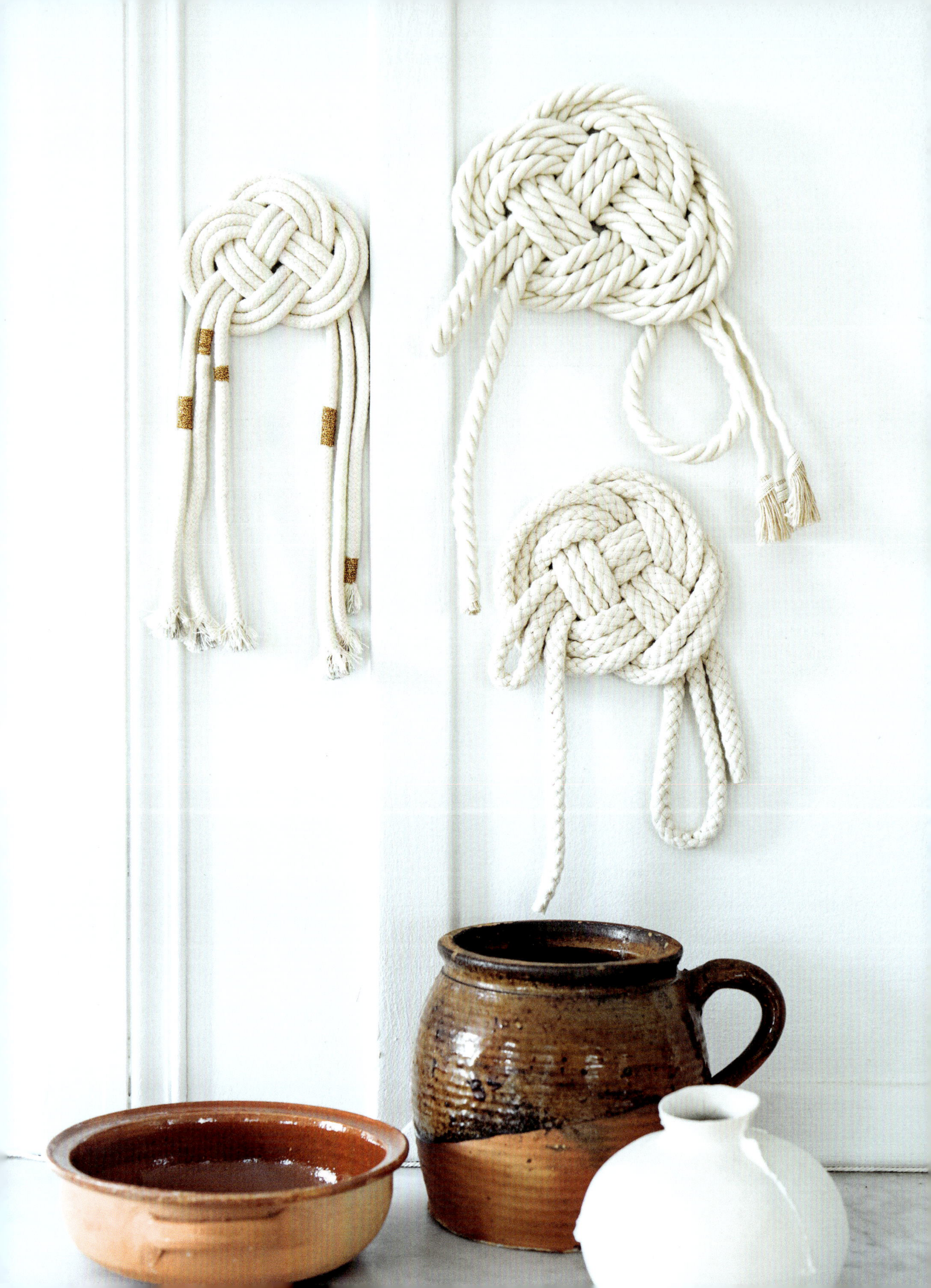

WAND-WOLKEN

Materialien (für 1 Wolke)

3,30 m Polsterschnur (oder Baumwollseil) mit 6 mm Ø

Goldgarn (optional)

Werkzeuge

Schere

Verwendete Knoten

Brezenknoten (siehe Seite 70)

Einen Brezenknoten mit drei jeweils 1,10 m langen Fäden knüpfen und 20 cm vom oberen Ende der Fäden damit beginnen, sie um den Knoten zu zentrieren. Mit einem Faden auf der linken und zwei Fäden auf der rechten Seite arbeiten. An den Enden der Fäden ziehen, um den Knoten zu formen, aber darauf achten, dass das Gebilde flach bleibt.

Ein kleines Extra

Optional Goldgarn um die Fadenenden oder um Abschnitte in verschiedenen Höhen wickeln.

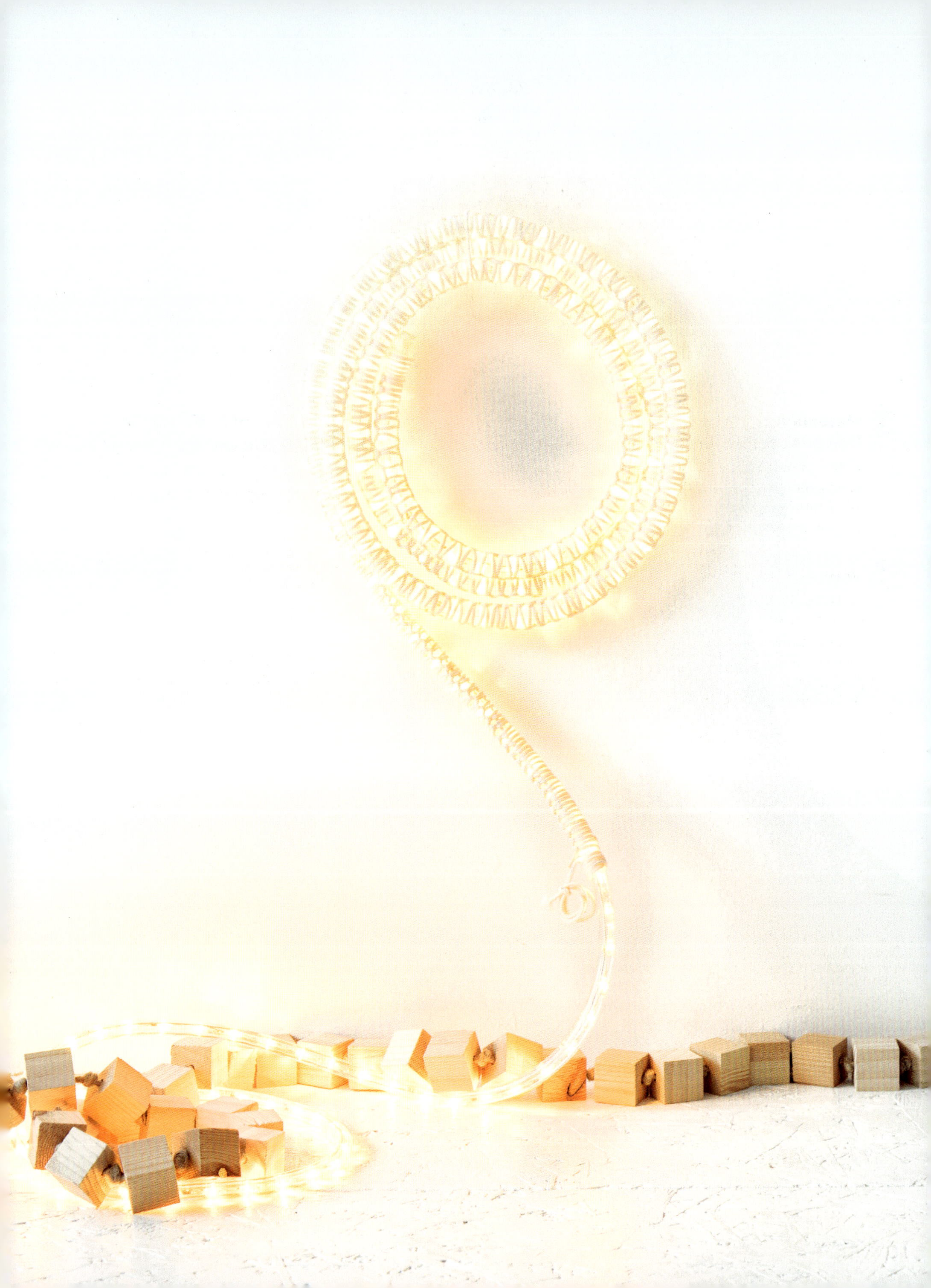

SPIRAL-LAMPE

Materialien (für 1 Leuchtschlauch von 4 m Länge)

40 m geflochtene Schnur mit 2 mm Ø

4 m Leuchtschlauch

Verwendete Knoten

Einfacher Knoten (siehe Seite 65)

Doppelknoten (siehe Seite 65)

Flachknoten (siehe Seite 66)

Die Schnur in der Hälfte falten. Die Schlaufe auf halber Länge des Leuchtschlauches mit einem Einfachen Knoten anknüpfen. Von der Mittte ausgehend eine Reihe von Flachknoten um den Schlauch bis zu einem Ende seiner Länge knüpfen. Mit einem Doppelknoten sichern.

Den Schlauch bis zur Hälfte schneckenförmig aufgerollt an einer Wand aufhängen.

Gut zu wissen

Um herauszufinden, wie viel Schnur man benötigt, einfach die 10-fache Länge des Leuchtschlauches einkalkulieren.

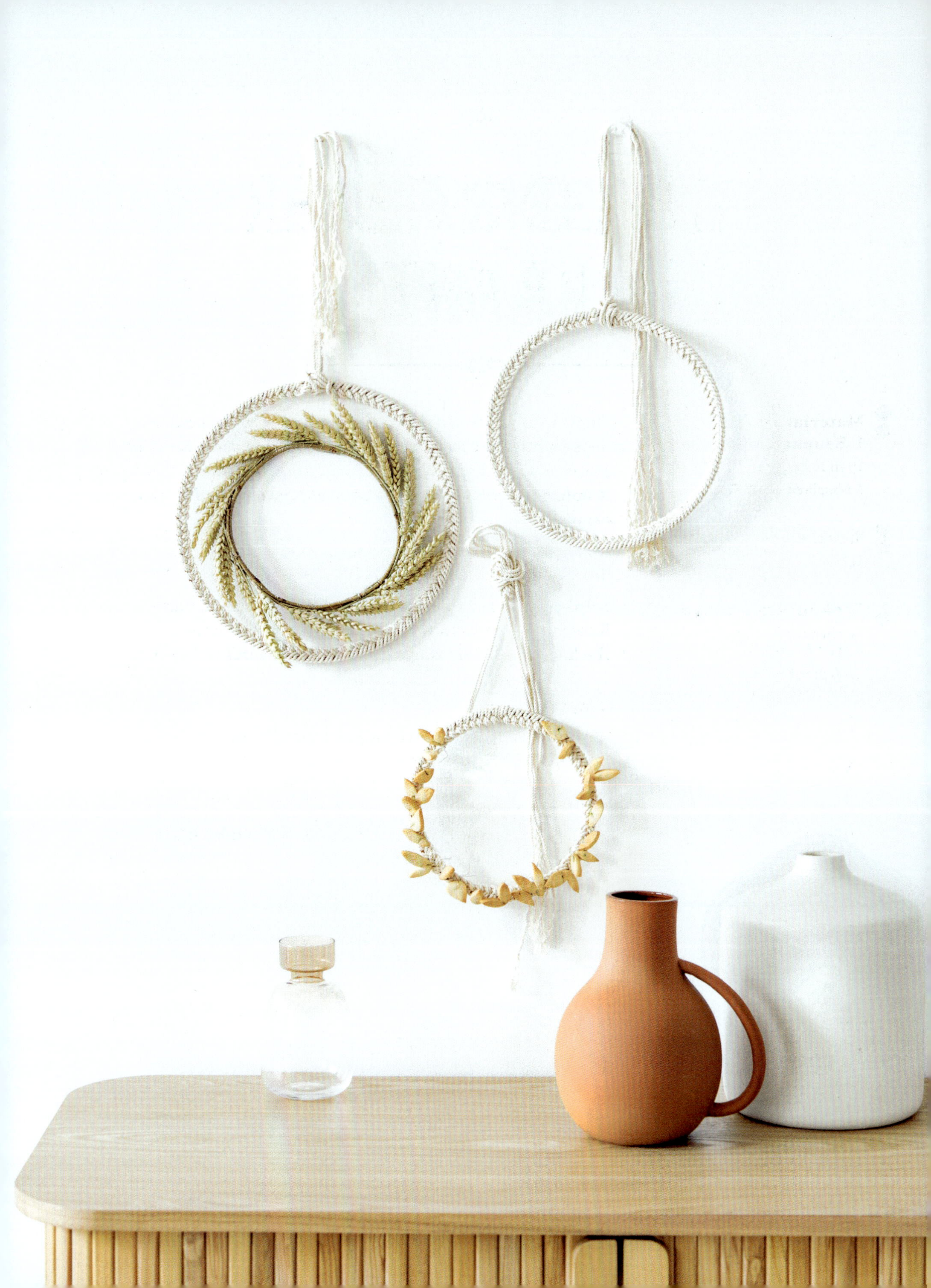

GEFLOCHTENER KRANZ

Materialien (für 1 Kranz)

10 m Kordel mit 3 mm Ø

1 Metallreif mit 15 cm Ø

Werkzeuge

Schere

Verwendete Knoten

Lerchenkopfknoten (siehe Seite 64)

Einfacher Knoten (siehe Seite 65)

Drei jeweils 3,30 m lange Kordelabschnitte mittig falten und nebeneinander mit Lerchenkopfknoten am Metallreif befestigen, sodass drei Bündel mit je zwei Kordelenden entstehen (die beiden Kordelenden jedes Bündels werden gemeinsam zum Flechten benützt).

Mit den Bündeln einen Zopf von links nach rechts flechten und dabei den Metallreif mit in den Zopf einbeziehen.

Sobald das Geflecht den ganzen Kreis bedeckt, einen Einfachen Knoten mit den sechs Kordelenden knüpfen. Die Enden abschneiden oder sie zum Aufhängen des Kranzes verwenden.

Tipp

Als Faustregel für die Berechnung der Kordellänge ist das 3½-Fache des Kreisumfangs einzuplanen.

Ein kleines Extra

Auf den Kranz können Blätter, Trockenblumen oder andere Deko-Elemente geklebt werden.

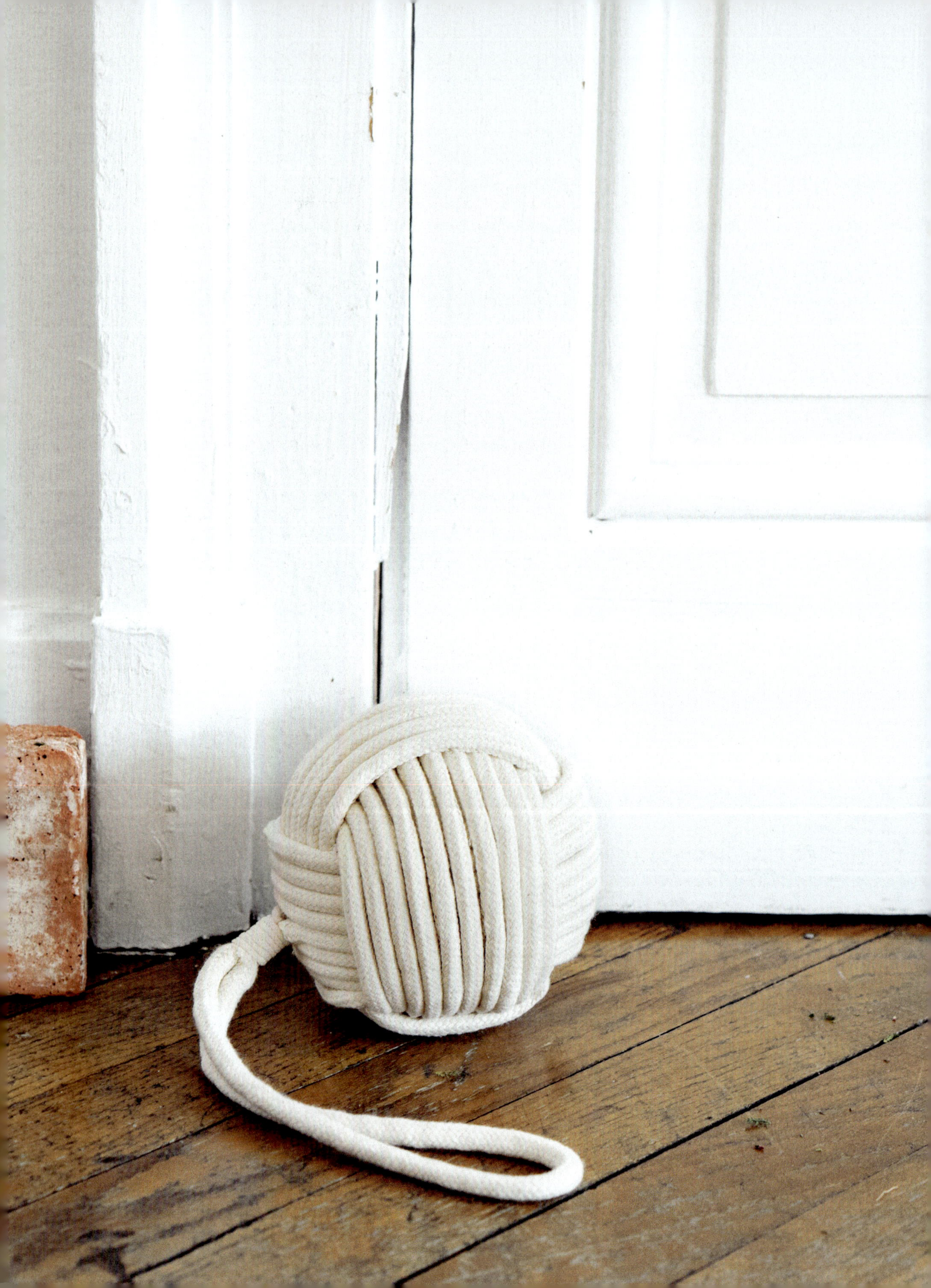

KUGELRUNDER TÜRSTOPPER

Materialien
10 m Polsterschnur mit 1 cm Ø
Holzkugel mit 10 cm Ø

Verwendete Knoten
Touline-Wickelknoten
(siehe Seite 68)

Die Holzkugel in einer Hand halten und die Schnur 10-mal senkrecht um Finger und Kugel wickeln, dabei die Windungen zusammendrücken. Dann die Schnur 10-mal waagerecht um die Holzkugel und die senkrechten Kordelrunden wickeln und die Runden straffen. Zum Schluss die Schnur 10-mal um die Holzkugel und die horizontalen Windungen wickeln, unter den ersten vertikalen Windungen hindurch, sodass die Holzkugel vollständig umwickelt ist.

Von der ersten Schnurrunde ausgehend, die Schnur nacheinander fest um die Kugel ziehen, sodass ein straffer Touline-Wickelknoten entsteht. Optional mit dem Schnurende eine Schlaufe bilden und zum Touline-Wickelknoten zurückführen, dann die Schnurenden straff um den Ansatz der Schlaufe wickeln und fixieren.

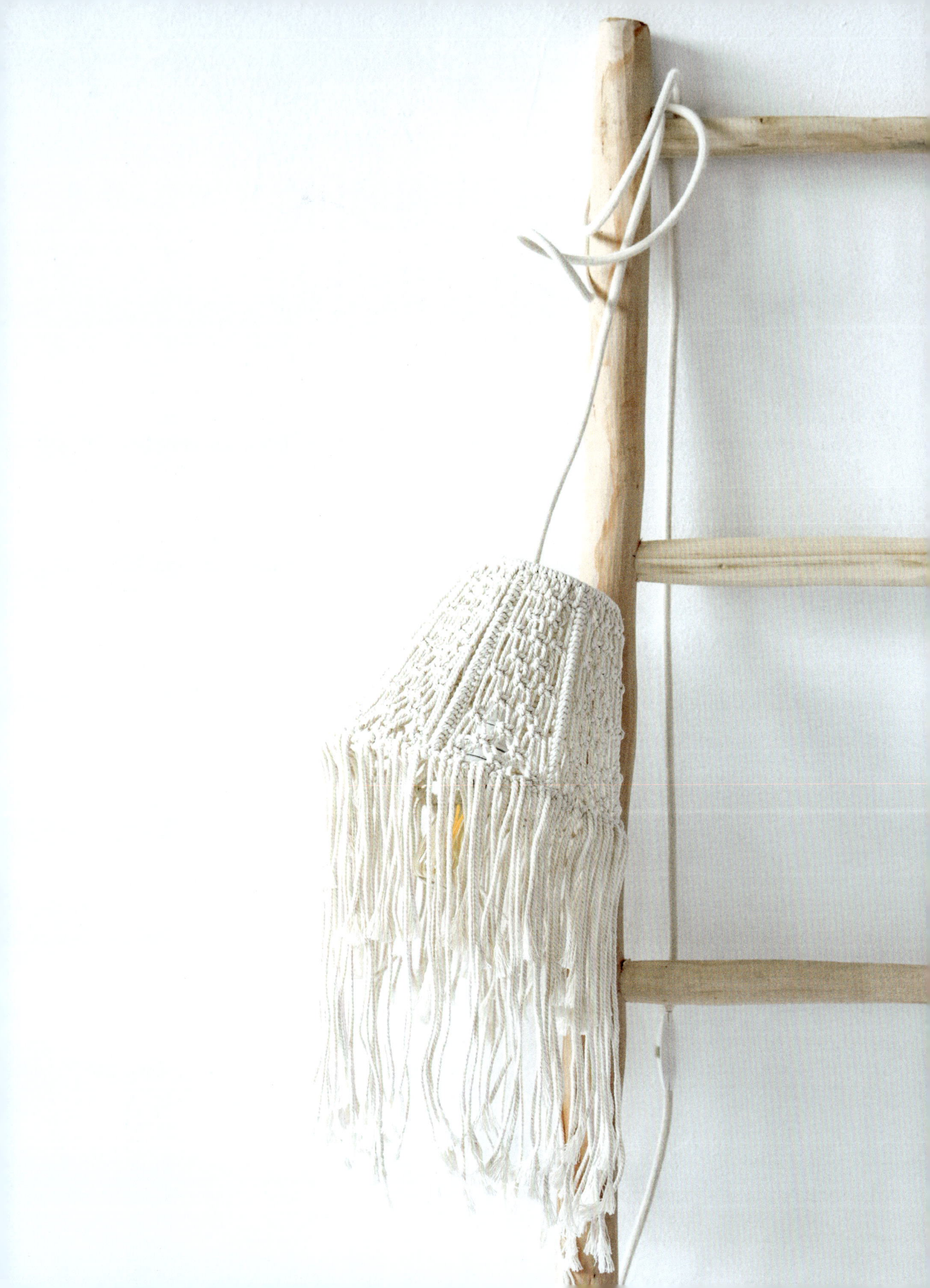

LAMPENSCHIRM MIT FRANSEN

Materialien

77 m Kordel mit 2 mm Ø

1 Lampenschirmgestell mit den Maßen 20 x 10 x 15 cm

Werkzeuge

Schere

Verwendete Knoten

Lerchenkopfknoten (siehe Seite 64)

Einfacher Knoten (siehe Seite 65)

Flachknoten (siehe Seite 66)

Alternierende Flachknoten (siehe Seite 67)

Zunächst die Arme, die die beiden Reifen des Lampenschirmgestells verbinden, mit Kordel einkleiden. Hierfür für jeden Arm 1,5 m Kordel abschneiden und jeweils an einem Ende 30 cm umschlagen. Mit Lerchenkopfknoten am oberen Reif rechts neben einem Arm anknüpfen. Mit dem längeren Kordelstück eine Reihe von Einfachen Knoten am Arm bis zum Fuß knüpfen. Es unter dem Metallteil hindurchführen und das kürzere Kordelstück in einer Schlaufe nach rechts biegen, es über und durch die Schlaufe führen und festziehen. Unten angekommen, auf beiden Seiten des Arms einen Knoten binden: Die Kordel von vorne nach hinten um die Basis des Schirms führen, durch die Schlaufe führen und festziehen. Die anderen Arme des Schirms auf die gleiche Weise mit Kordel einkleiden.

Dann die sechs Reif-Abschnitte zwischen den Armen bearbeiten. Für jeden Abschnitt 1 Kordelstück von 1,20 m Länge mittig falten und oben am Schirm zwischen zwei Armen anknüpfen. Neun Reihen mit Alternierenden Flachknoten im Abstand von etwa 1,5 cm knüpfen, beginnend mit einer Reihe von drei Flachknoten und endend mit drei Flachknoten in der neunten Reihe.

Reihe 1: 3 Flachknoten
Reihe 2: 2 Flachknoten
Reihe 3: 3 Flachknoten
Reihe 4: 2 Flachknoten
Reihe 5: 3 Flachknoten
Reihe 6: 2 Flachknoten
Reihe 7: 3 Flachknoten
Reihe 8: 2 Flachknoten
Reihe 9: 3 Flachknoten

Dann einen Einfachen Knoten so nah wie möglich an die Flachknoten binden.

Um die Arbeit am unteren Reif zu befestigen, einen Lerchenkopfknoten mit zwei Kordelstücken (je 30 cm lang) knüpfen, indem man sie in der Mitte faltet und den Reif und den unteren Teil des Makramees mit den Flachknoten verbindet. Die Fransen auf gleiche Länge zuschneiden.

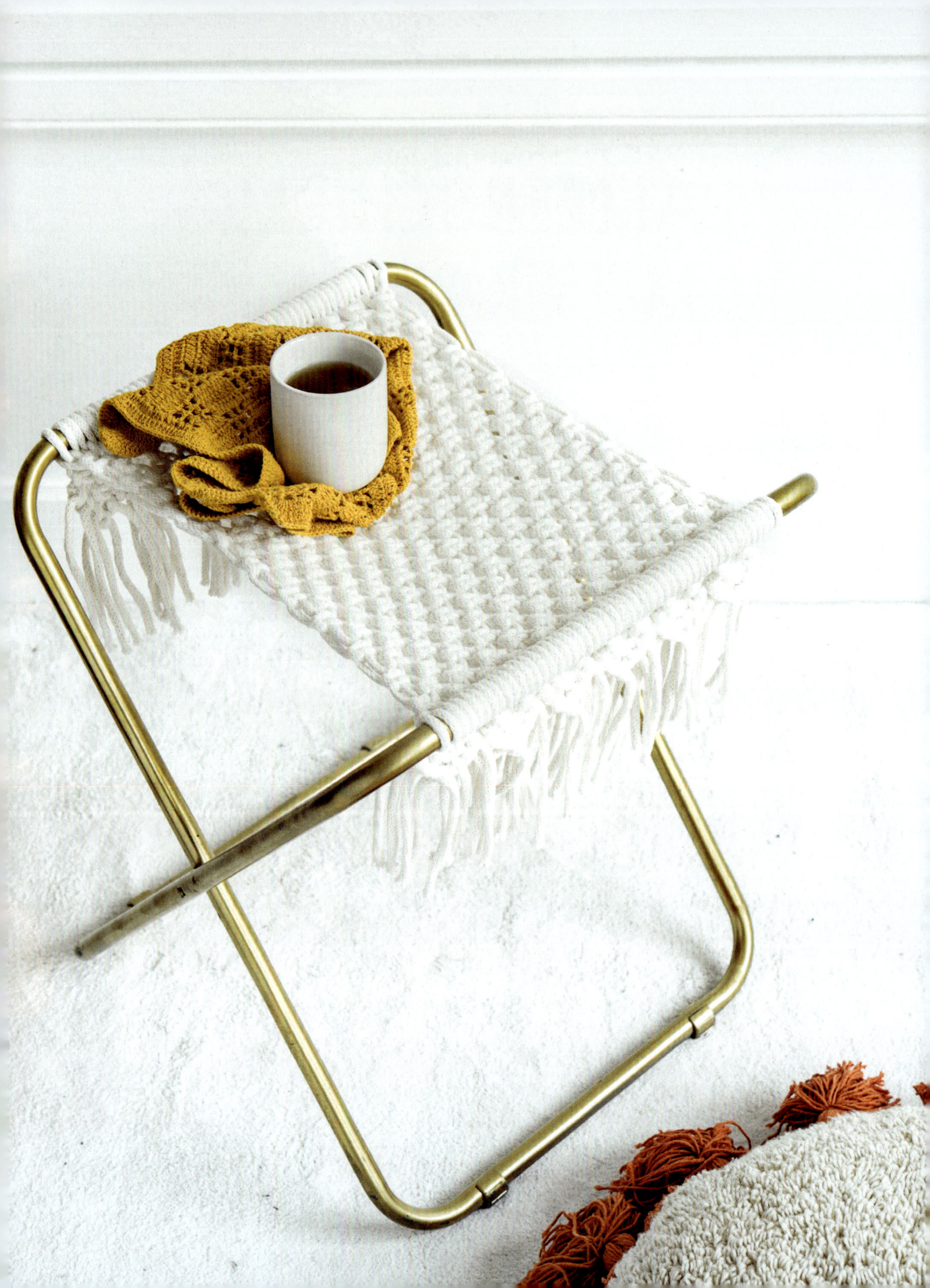

BEISTELL-TISCH

Materialien

112 m DMC-Garn aus recycelter Baumwolle mit 4 mm Ø

Gerüst eines klappbaren Campinghockers

Werkzeuge

Schere

Verwendete Knoten

Einfacher Knoten (siehe Seite 65)

Flachknoten (siehe Seite 66)

Alternierende Flachknoten (siehe Seite 67)

Doppelte vertikale Rippe (siehe Seite 73)

Doppelte diagonale Rippe (siehe Seite 74)

*** bis ***

Diese Abkürzung symbolisiert sich wiederholende Arbeitsschritte. Die zu wiederholenden Knotenfolgen stehen zwischen den beiden Sternchen.

48 Garnabschnitte von je 2,30 m Länge senkrecht und flach aneinanderlegen. In einem Abstand von 60 cm vom oberen Rand 19 Reihen Alternierende Flachknoten knüpfen. Es sollten etwa 60 cm Garnenden übrig bleiben.

Dann das Makramee auf dem Hocker-Gerüst montieren: Jedes obere Garnende um die erste Röhre des Gerüsts legen und mit Doppelten vertikalen Rippen anbinden. Festzurren und eine Reihe von Flachknoten knüpfen.

*Dann in Gruppen von je acht Fäden arbeiten: Mit den vier mittleren Fäden einen Flachknoten knüpfen. Dann eine Reihe aus Doppelten vertikalen Rippen mit vier links Turns und eine Reihe aus Doppelten diagonalen Rippen mit vier rechts Turns knüpfen, sodass ein Mittelpunkt entsteht.

Den Mittelpunkt mit einem Einfachen Knoten sichern. Auf die gleiche Weise mit den restlichen 40 Fäden fortfahren. So entstehen sechs Mittelpunkte. Alle Fransen auf die gleiche Höhe (etwa 10 cm) bringen.*

Der Anleitung von * bis * erneut folgen, um das gesamte untere Ende des Makramees an der zweiten Röhre des Gestells zu befestigen.

Hinweis

Vorsicht: Dieser kleine Beistelltisch kann nur eine leichte Last tragen. Da sich das Garn dehnt, ist es wichtig, die Fäden gut festzuzurren. Sobald man ein paar Zeitschriften und eine Tasse Tee darauf abstellt, zeigt sich die Stabilität der Arbeit.

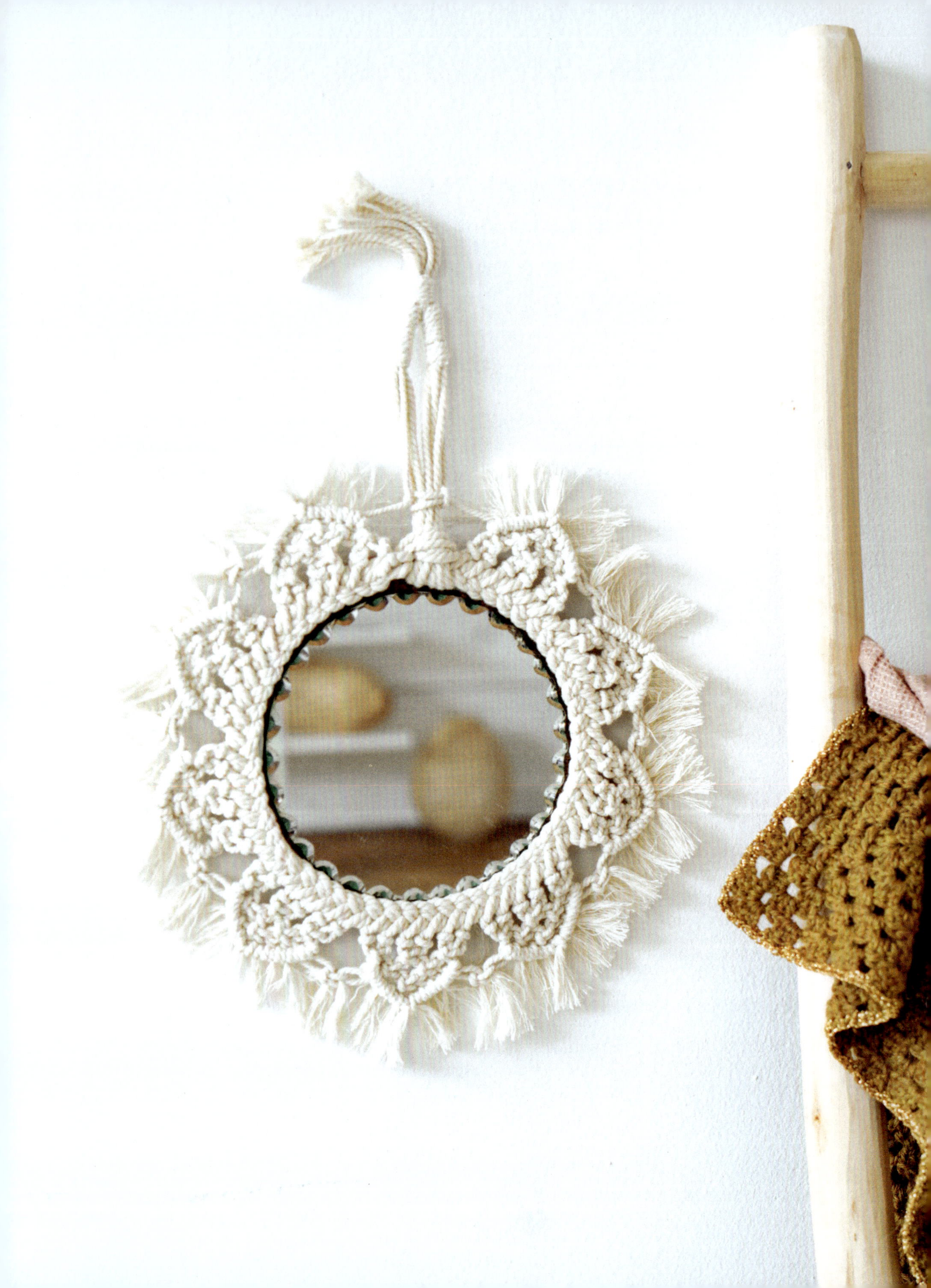

RUNDER SPIEGEL

Materialien

10 m Kordel mit 3 mm Ø
36 m Kordel mit 2 mm Ø
1 runde Korkplatte mit 18 cm Ø
1 runder Spiegel mit 15 cm Ø
1 Metallreif mit 18 cm Ø

Werkzeuge

Schere
Durchziehnadel
Makramee-Kamm
Klebstoff

Verwendete Knoten

Einfacher Knoten (siehe Seite 65)
Flachknoten (siehe Seite 66)
Kapuzinerknoten (siehe Seite 70)
Doppelte diagonale Rippe (siehe Seite 74)

Drei 3-mm-Kordelfäden von je 3,30 m Länge in der Mitte falten und die Schlaufen nebeneinander über den Reif legen, sodass drei Gruppen mit je zwei Fäden entstehen (die beiden Fäden jeder Gruppe werden zusammen zum Flechten verwendet).

Den ganzen Reif mit einem Zopf umflechten, dann mit den sechs Fäden einen Einfachen Knoten binden.

54 Fäden von der 2-mm-Kordel mit je 60 cm Länge zurechtschneiden. Mit der Durchziehnadel in das Geflecht unter jeden zweiten Faden ziehen, sodass die Enden gleich lang sind, und dann mit einem Einfachen Knoten sichern – so nah wie möglich am Geflecht.

Drei Gruppen von je zwei Fäden (beide Enden jedes Fadenes zählen als ein Faden) in eine Reihe legen und mit folgenden Knoten verbinden:

Reihe 1: 3 Flachknoten
Reihe 2: 2 Flachknoten
Reihe 3: 1 Flachknoten

Das Dreieck seitlich mit je einer Doppelten diagonalen Rippe abschließen. Die Enden der Fäden, die zur Herstellung des Dreiecks verwendet wurden, für die Fransen stehen lassen. Acht weitere Dreiecke auf die gleiche Weise anfertigen.

Einen Flachknoten mit den sechs Enden des Zopfes und mit zwei Fäden aus dem linken Dreieck und zwei Fäden aus dem rechten Dreieck binden, um diese zehn Fäden bündeln. Die Fäden in zwei Gruppen zu je fünf Fäden aufteilen. In einer Höhe von 6 cm an jeder Gruppe mit 2-mm-Kordel (1 m) einen 2,5 cm hohen Kapuzinerknoten binden. Dann mit 2-mm-Kordel (1 m) einen 1 cm hohen Kapuzinerknoten um die zehn Fäden binden. Die Fadenenden auf 3 cm Länge zuschneiden und mit dem Kamm ausfransen. Spiegel und Makramee auf die Korkplatte kleben.

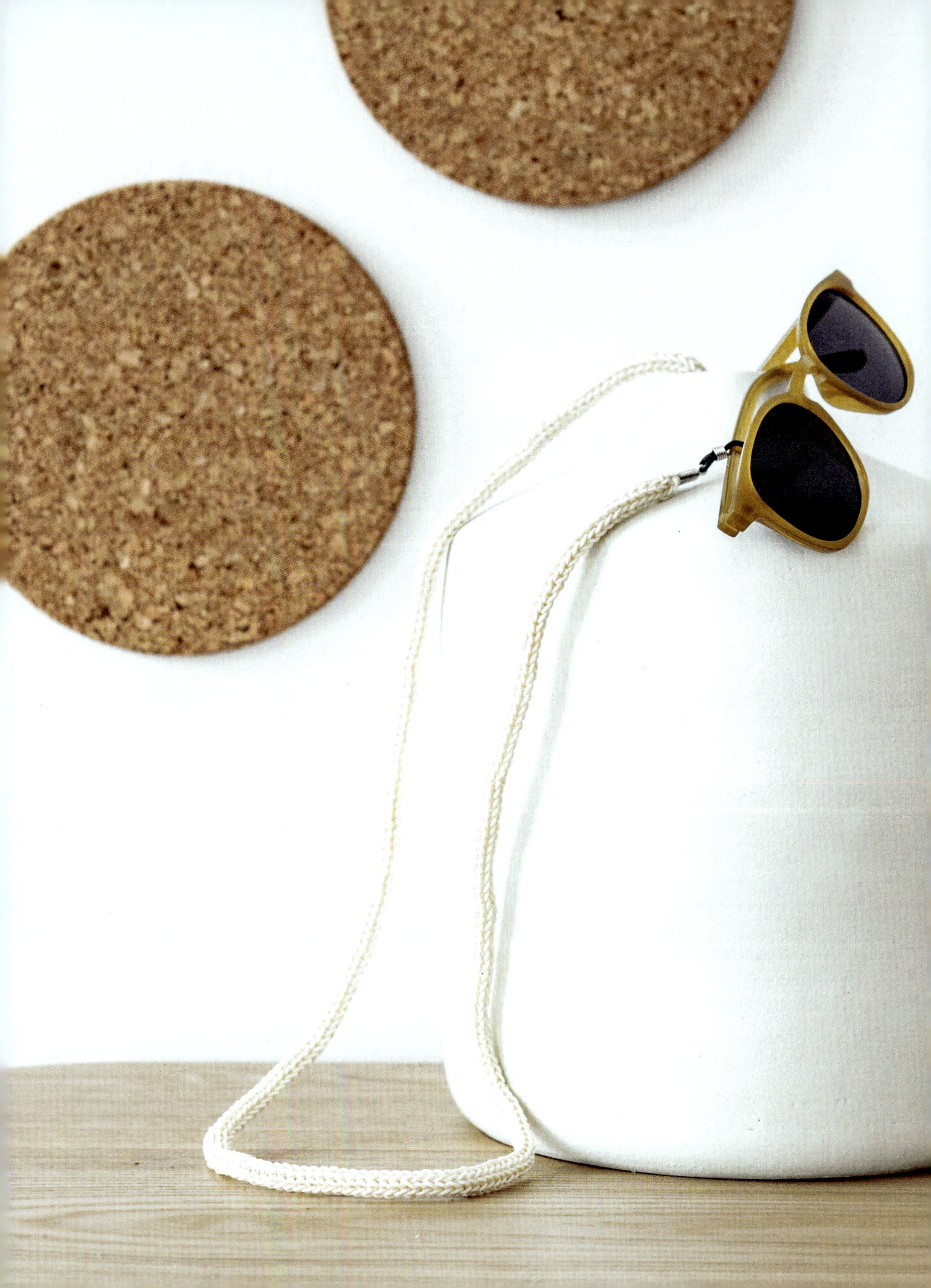

EDLES BRILLENBAND

Materialien

16 m gewachstes Baumwollgarn mit 1 mm Ø

2 Brillenband-Gummischlaufen inklusive Metallösen

optional etwas Sekundenkleber

Werkzeuge

Strickliesel

Schmuckzange

Schere

Verwendete Knoten

Strickliesel-Knüpfung (siehe Seite 75)

Doppelknoten (siehe Seite 65)

Aus dem Baumwollgarn einen 85 cm langen Strickliesel-Schlauch knüpfen und mit einem Doppelknoten sichern.

Jeweils eine Metallöse mit Brillenband-Gummischlaufe auf jedes Ende des Schlauches stecken, dann die Metallösen mit der Schmuckzange festbiegen, um sie zu fixieren. Optional vorab etwas Sekundenkleber in die Ösen geben, damit sie sicherer halten.

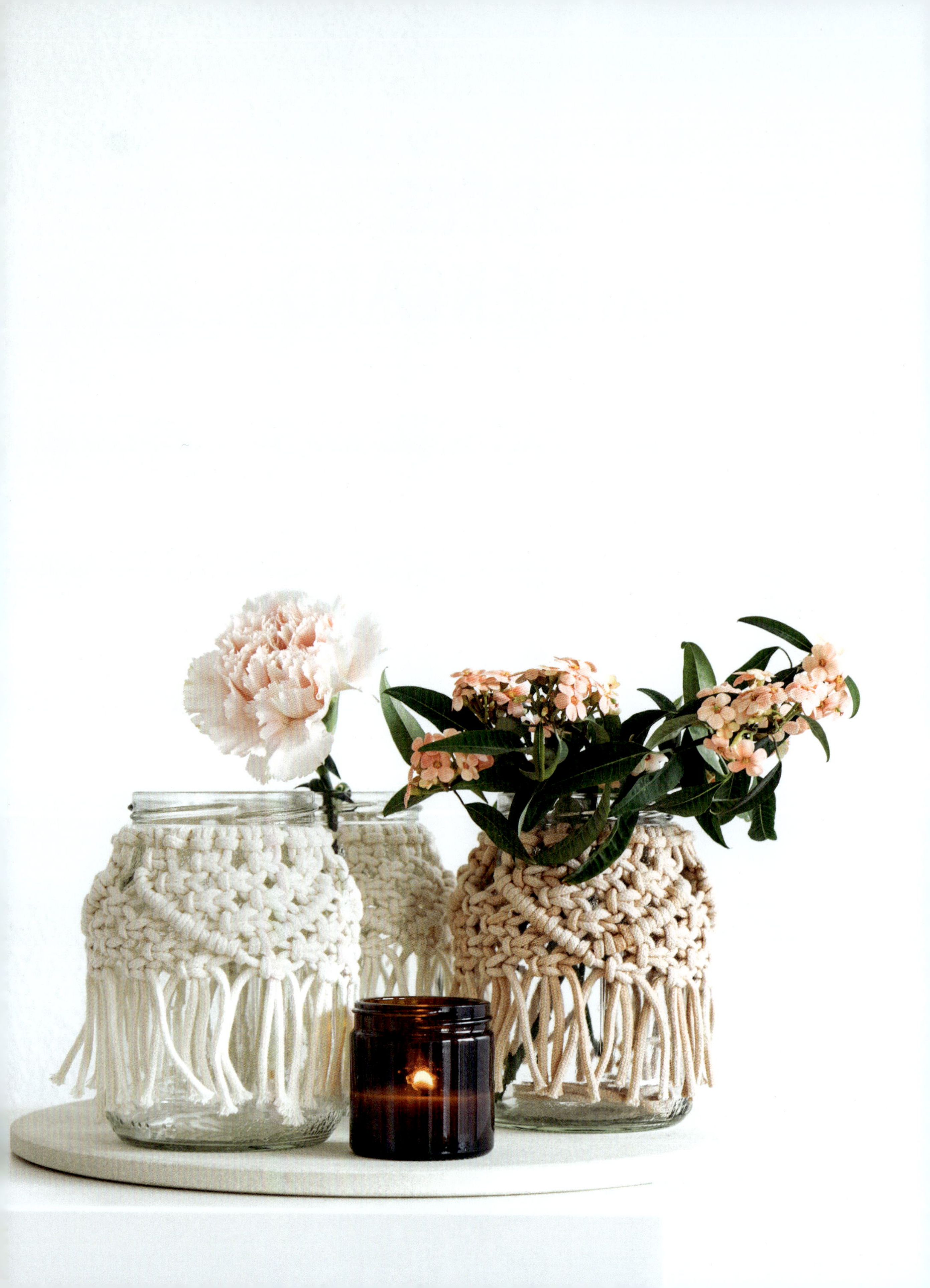

GLAS-DEKO

Materialien (für 1 Glas)

17 m geflochtene Schnur mit 2 mm Ø

1 Glasgefäß

Werkzeuge

Schere

Verwendete Knoten

Lerchenkopfknoten (siehe Seite 64)

Doppelknoten (siehe Seite 65)

Alternierende Flachknoten (siehe Seite 67)

Doppelte diagonale Rippe (siehe Seite 74)

Ein 80 cm langes Stück Schnur waagerecht flach auslegen. 23 Stücke von 70 cm langen Schnüren daran mit Lerchenkopfknoten befestigen. Die beiden Enden jeder Schnur werden als Doppelfaden verwendet und zählen als ein Faden.

Die horizontale Schnur um die Öffnung des Glases wickeln und mit einem Doppelknoten sichern. Die Schnurenden nicht abschneiden, sondern stehen lassen, um sie mit den anderen Schnüren zu verbinden.

Die Doppelfäden in drei Gruppen von je acht Fäden aufteilen und damit je ein Dreieck aus Alternierenden Flachknoten knüpfen – also drei Dreiecke insgesamt.

Um jedes Dreieck eine Reihe Doppelte diagonale Rippen knüpfen. Dann 3 umgekehrte Dreiecke mit Alternierenden Flachknoten zwischen die bereits gefertigten Dreiecke knüpfen.

Die Schnurenden kurz über dem Boden des Glases bündig abschneiden.

Ein kleines Extra

Naturfarbene Schnur kann nach Lust und Laune eingefärbt werden, wie auf den Seiten 62–63 beschrieben.

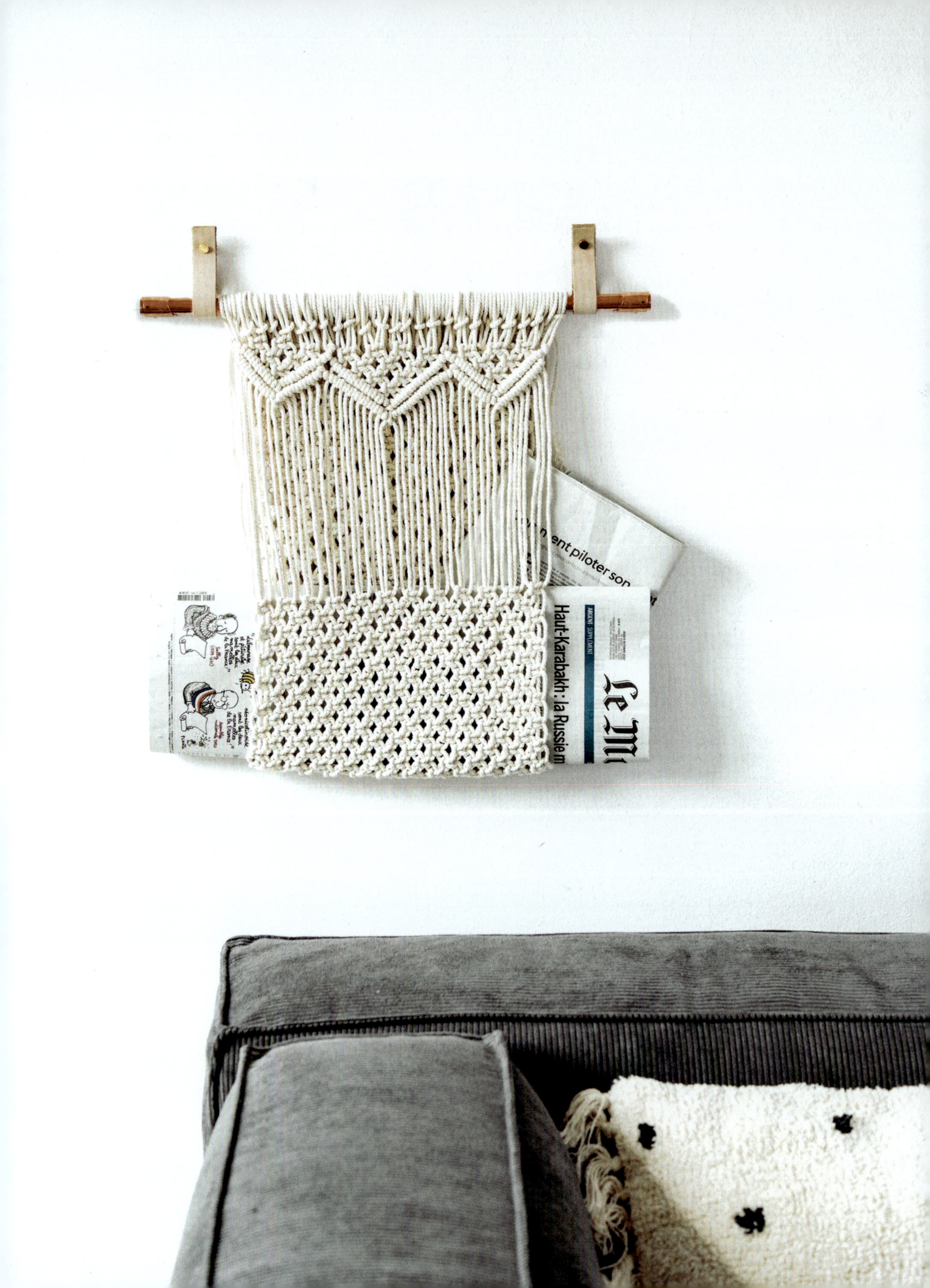
Haut-Karabakh : la Russie

ZEITSCHRIFTEN-HALTER

Materialien
120 m Kordel mit 3 mm Ø
50 cm Kupferrohr mit 1 cm Ø

Werkzeuge
Schere

Verwendete Knoten
Lerchenkopfknoten (siehe Seite 64)
Flachknoten (siehe Seite 66)
Einfache diagonale Rippe (siehe Seite 72)
Alternierende Flachknoten (siehe Seite 67)

24 Kordelstücke von je 5 m Länge abschneiden, mittig falten und mit Lerchenkopfknoten an das Kupferrohr binden, sodass die Kordelenden gleich lang sind. Flachknoten in der folgenden Anordnung knüpfen:

Reihe 1: 12 Flachknoten.

Reihe 2: 4 lose Fäden- 2 Flachknoten - 6 lose Fäden - 3 Flachknoten - 6 lose Fäden - 2 Flachknoten - 4 lose Fäden.

Reihe 3: 12 lose Fäden - 1 Flachknoten - 22 lose Fäden - 2 Flachknoten - 22 lose Fäden - 2 Flachknoten - 12 lose Fäden.

Reihe 4: 22 lose Fäden- 1 Flachknoten - 22 lose Fäden.

Das Ergebnis ist ein Muster aus 3 Punkten, von denen der mittlere etwas größer ist als die beiden anderen. Die 3 Punkte mit 2 Reihen von Einfachen diagonalen Rippen umgeben. Dann 15 cm unterhalb der Spitze des mittleren Dreiecks 49 Reihen aus Alternierenden Flachknoten binden.

Das Makramee mittig rückwärs umschlagen, um eine Tasche zu bilden. Die 48 Kordelenden gleichmäßig am Kupferrohr befestigen, indem man sie mit den 24 Lerchenkopfknoten des Anfangs verknüpft. Straff festbinden. Mit einer Reihe von Flachknoten abschließen.

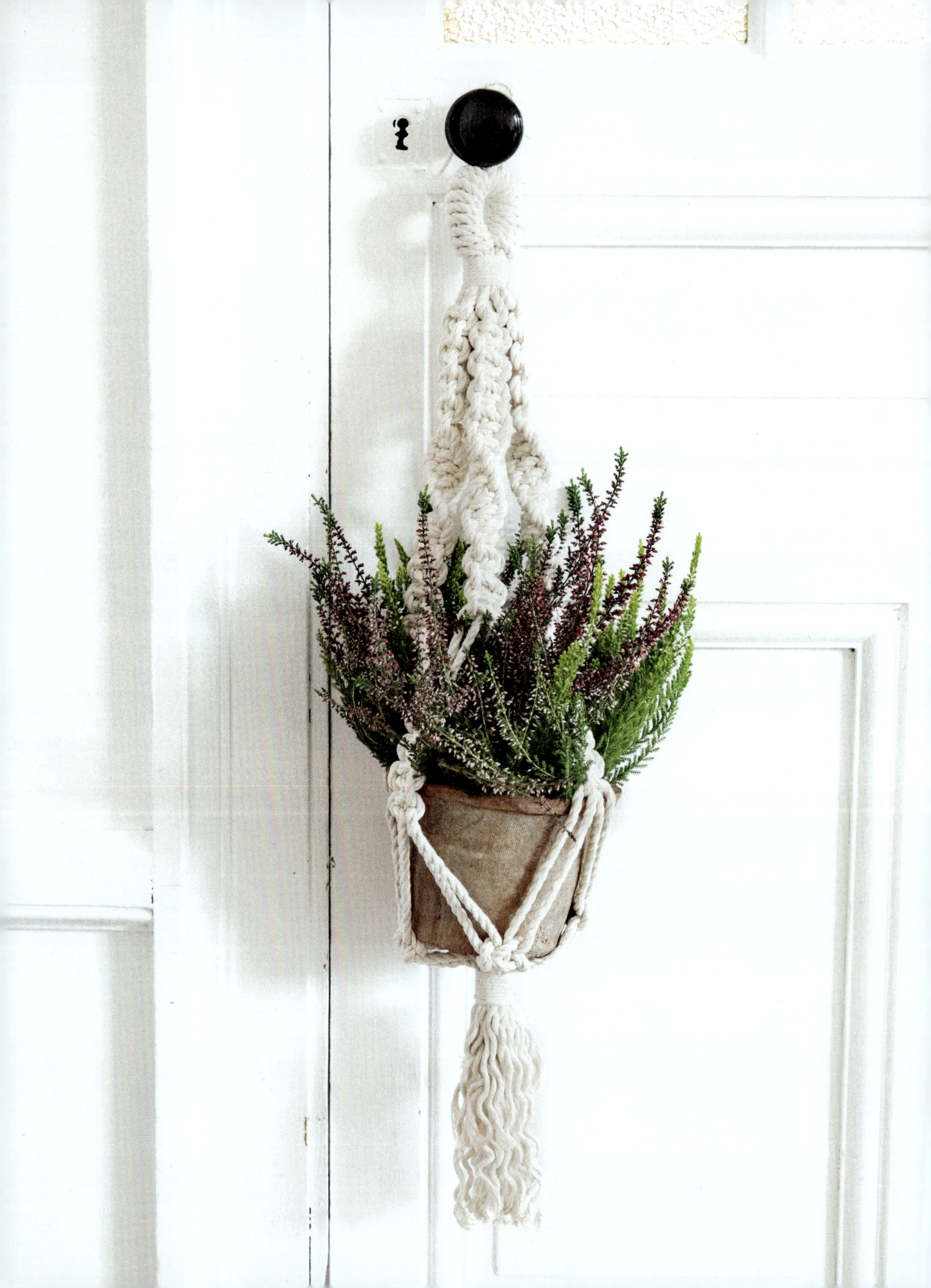

EINFACHE PFLANZENAMPEL

Materialien
59,50 m Kordel mit 4 mm Ø
2 m Kordel mit 2 mm Ø
etwas farbiges Garn

Werkzeuge
Schere

Verwendete Knoten
Flachknoten (siehe Seite 66)
Flachknoten-Spirale (siehe Seite 66)
Kapuzinerknoten (siehe Seite 70)

Die Mitte von acht 7 m langen Stücken 4-mm-Kordel mit farbigem Garn markieren und die Fäden bündeln. Mit einem Stück 2-mm-Kordel von 1,50 m Länge einen straffen Kapuzinerknoten mit fünf Umwicklungen um die Mitte der Kordelstränge binden, dabei an jedem Ende des Bündels ein freies Ende von etwa 10 cm stehen lassen. Das Bündel mittig falten, um eine Schlaufe zu bilden. So sind 16 Fäden aus 4-mm-Kordel entstanden. Am Fuß der Schlaufe einen straffen Kapuzinerknoten mit etwa acht Umwicklungen mit einem 1 m langen Stück 2-mm-Kordel binden. Die Enden bündig abschneiden.

Die 16 Fäden in vier Gruppen zu je vier Fäden aufteilen. Mit jeder Gruppe vier Flachknoten, dann acht Flachknoten-Spiralen und vier Flachknoten knüpfen.

Dann 5 cm weiter unten mit den zwei rechten Fäden der einen Gruppe und den zwei linken Fäden der rechten Gruppe eine 4er-Serie Flachknoten binden. So entstehen vier neue Gruppen mit je vier Fäden.

10 cm weiter unten mit den zwei rechten Fäden der einen Gruppe und den zwei linken Fäden der rechten Gruppe einen Flachknoten knüpfen.

Die 16 Fäden zusammenführen und mit einem 1 m langen Stück 2-mm-Kordel mit einem festen Kapuzinerknoten mehrfach umwickeln (etwa 7 cm vom letzten Knoten entfernt).

Die Enden der 16 Fäden bündig abschneiden.

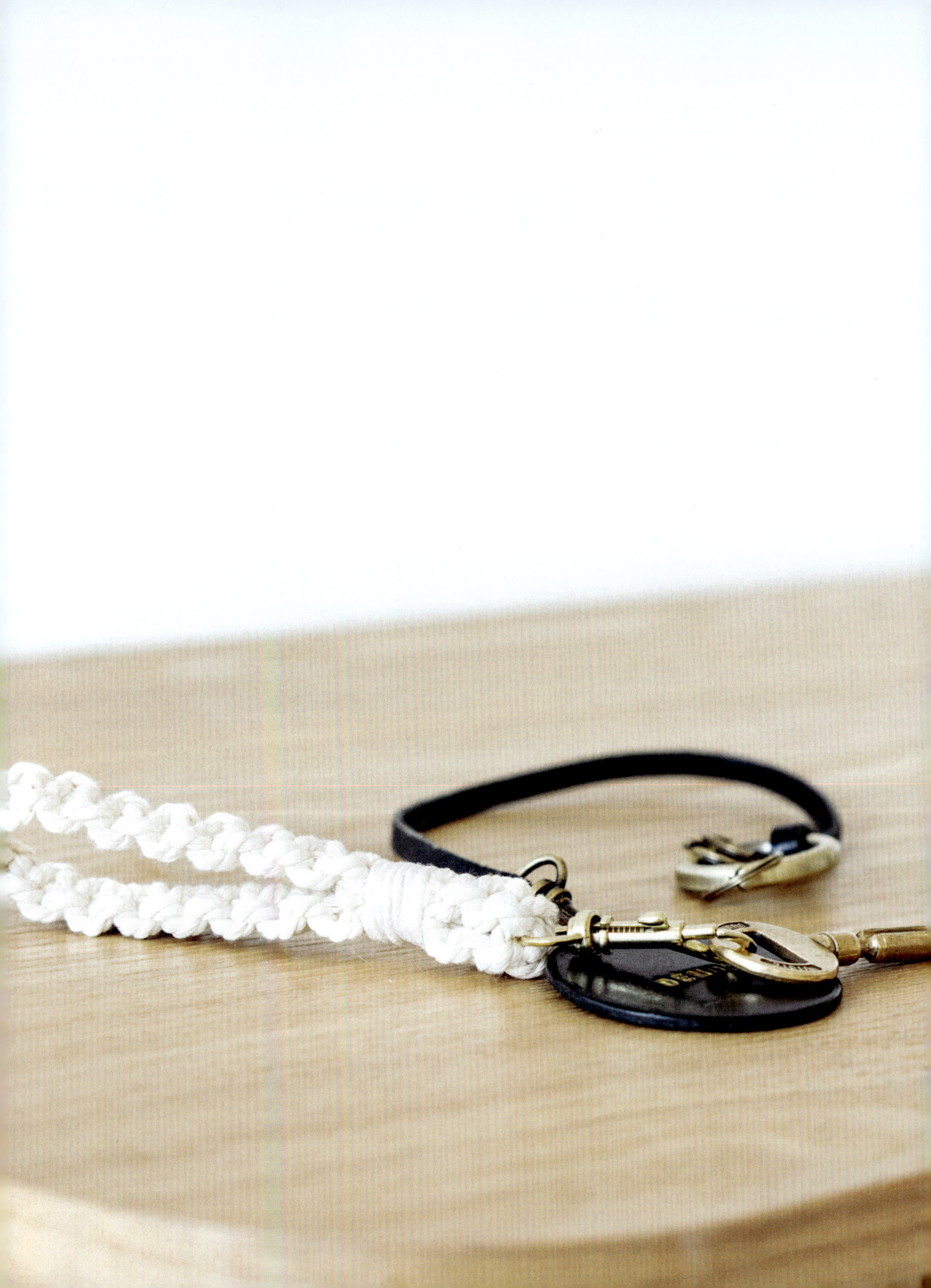

SEEMANNS-SCHLÜSSELBAND

Materialien

3,20 m Kordel mit 3 mm Ø

80 cm geflochtene Schnur mit 2 mm Ø

1 Karabiner-Anhänger mit 15 mm Länge

Werkzeuge

Schere

Verwendete Knoten

Flachknoten (siehe Seite 66)

Kapuzinerknoten (siehe Seite 70)

Zwei 40 cm lange Stücke 3-mm-Kordel und zwei 1,20 m lange Stücke 2-mm-Kordel zurechtschneiden.

Die Fäden folgendermaßen senkrecht nebeneinanderlegen: Ein 1,20-m-Stück, dann die beiden 40-cm-Stücke und dann das zweite 1,20-m-Stück.

Nach 8 cm Länge zwei Flachknoten aus diesen vier Fäden binden. Die beiden mittleren Fäden (40-cm-Stücke) durch die Öse des Karabiners ziehen, dann mit zwei Flachknoten sichern.

1,5 cm der Fäden freilassen, dann mit Flachknoten weiterarbeiten, bis nur noch 8 cm Fadenenden übrig sind.

Das Makramee mittig falten, um eine Schlaufe zu bilden, und die beiden Teile der losen Fäden aneinanderlegen.

Mit einem 80 cm langen Stück geflochtener Schnur einen Kapuzinerknoten um die losen Fäden und die Anfangsenden des Makramees binden. Alle Fadenenden bündig mit dem Knoten abschneiden.

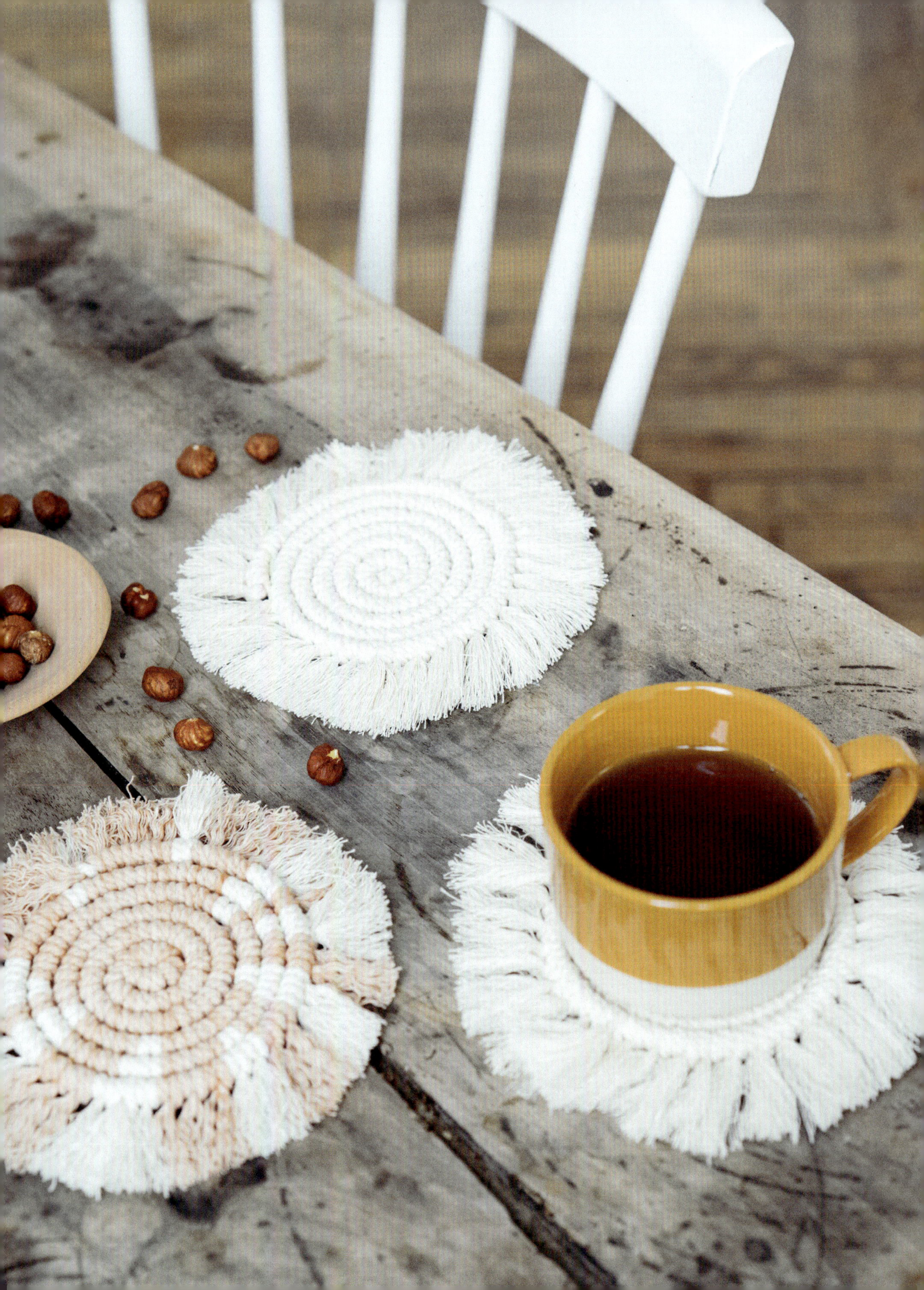

TISCH-UNTERSETZER

Materialien (für 1 Untersetzer mit 10 cm Ø)
16 m Kordel mit 3 mm Ø

Werkzeuge
Schere
Untersetzer (Pappe oder Kork)
Stecknadeln
Makramee-Kamm

Verwendete Knoten
Lerchenkopfknoten (siehe Seite 64)
Doppelknoten (siehe Seite 65)
Doppelte diagonale Rippe (siehe Seite 74)

Fünf 80 cm lange Kordelstücke mittig falten und senkrecht nebeneinanderlegen.

Ein 1,5 m langes Stück so falten, dass ein Ende 40 cm und das andere 1,10 m lang ist (dies wird der Trägerfaden). Die Schlaufe waagerecht über die anderen Fäden legen, sodass sie leicht überhängt, und die Fäden mit Lerchenkopfknoten festbinden.

Das Ende des waagerechten Trägerfadens durch die Schlaufe ziehen und so festziehen, dass er sich zu einem Kreis schließt.

Das Gebilde flach auf einen Untersetzer legen und in der Mitte mit Stecknadeln fixieren. Das längere Fadenende (den Trägerfaden) in der linken Hand halten und den anderen Faden auf der rechten Seite daranknüpfen, indem man ihn unter und dann über und zwischen die beiden Fäden führt. Den gleichen Faden wieder um den Trägerfaden binden. Nun ist die erste Doppelte diagonale Rippe fertig.

Auf die gleiche Weise spiralförmig weiterarbeiten. Um die Struktur flach zu halten, regelmäßig ein Stück Kordel anknüpfen (sobald man das Gefühl hat, dass der Abstand zwischen zwei Knoten zu groß ist). Hierfür das neue Stück mit einem Lerchenkopfknoten anbinden und auf die gleiche Länge wie den rechten Faden zuschneiden.

Sobald das Makramee einen Durchmesser von 10 cm hat, einen festen Doppelknoten binden.

Die Enden der Fäden auf etwa 2,5 cm abschneiden und mit dem Kamm ausfransen.

Tipp

Mit der gleichen Technik kann man auch Tischsets herstellen!

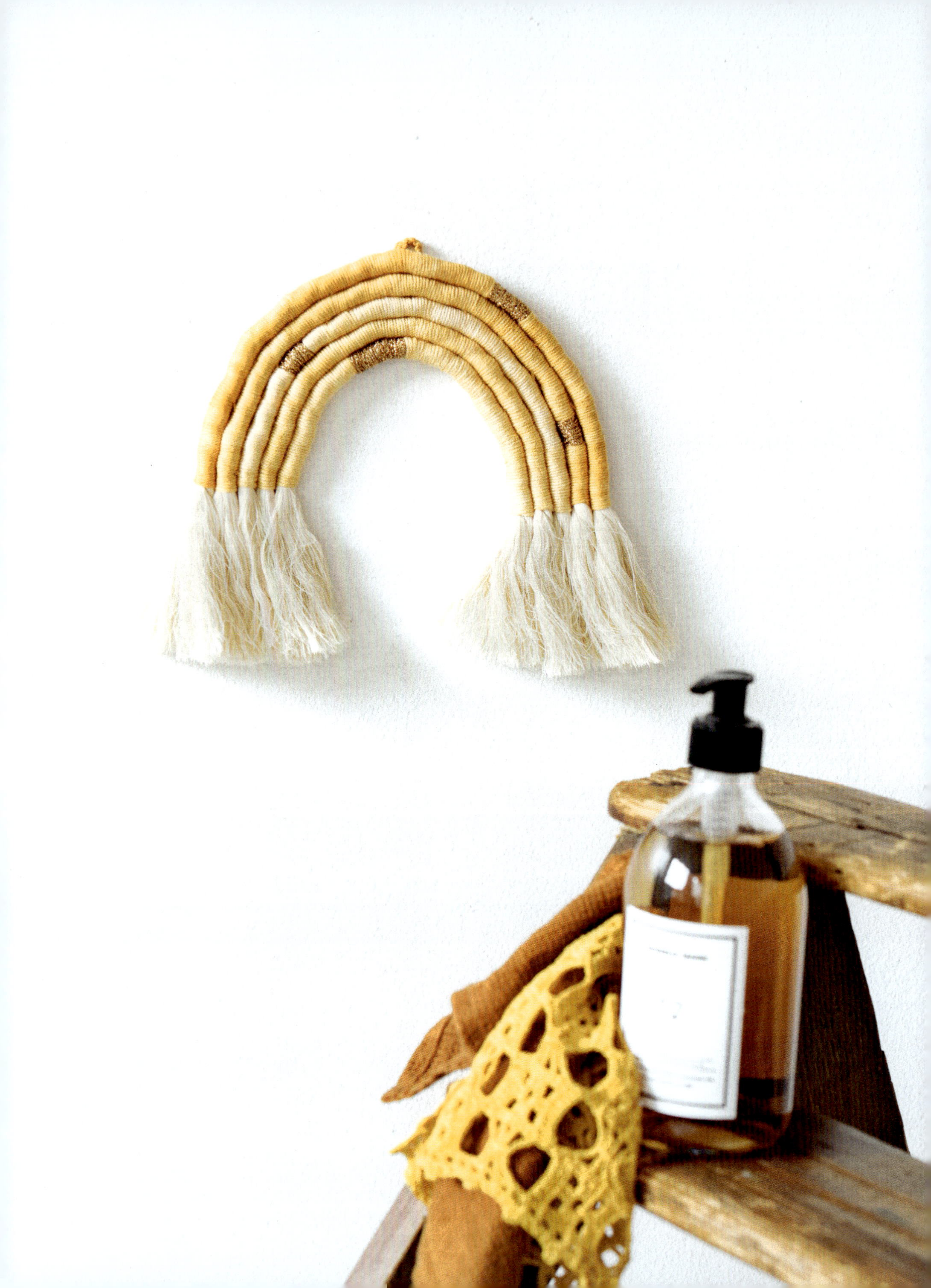

GOLDENER REGENBOGEN

Materialien
2,50 m Seil mit 1 cm Ø

1 Knäuel gelbes Baumwollgarn (50 g mit 80 Laufmeter)

1 Knäuel Goldgarn

Werkzeuge
Sticknadel

Schere

Makramee-Kamm

Verwendete Knoten
Flachknoten (siehe Seite 66)

38 cm Seil abschneiden, um den untersten, kleinsten Bogen zu bilden. Das gelbe Baumwollgarn und das Goldgarn so um das Seil wickeln, dass dieses vollständig bedeckt ist (entweder nach dem Zufallsprinzip oder gemäß dem Foto), dabei je 7,5 cm der Seilenden unumwickelt lassen. Dieses erste Seilstück zu einem Bogen biegen und auf die Arbeitsfläche legen.

Ein weiteres Seilstück um die Außenseite des Bogens legen und so zuschneiden, dass seine Enden mit den Enden des ersten Bogens übereinstimmen. Das Seilstück in die Hände nehmen und ebenfalls mit Baumwoll- und Goldgarn umwickeln.

Die nächsten drei Bögen auf die gleiche Weise anfertigen. Die Bögen ineinanderlegen und mit der Sticknadel in großen Stichen mit gelbem Baumwollgarn verbinden. Die nicht umwickelten Enden der Seilstücke mit dem Makramee-Kamm ausfransen.

Für den Aufhänger 1,50 m des gelben Baumwollgarns mittig falten, dann nochmals mittig falten und nach 10 cm einen Flachknoten binden, überstehende Fäden abschneiden. Die Schlaufe auf der Rückseite des Regenbogens mit der Sticknadel festnähen.

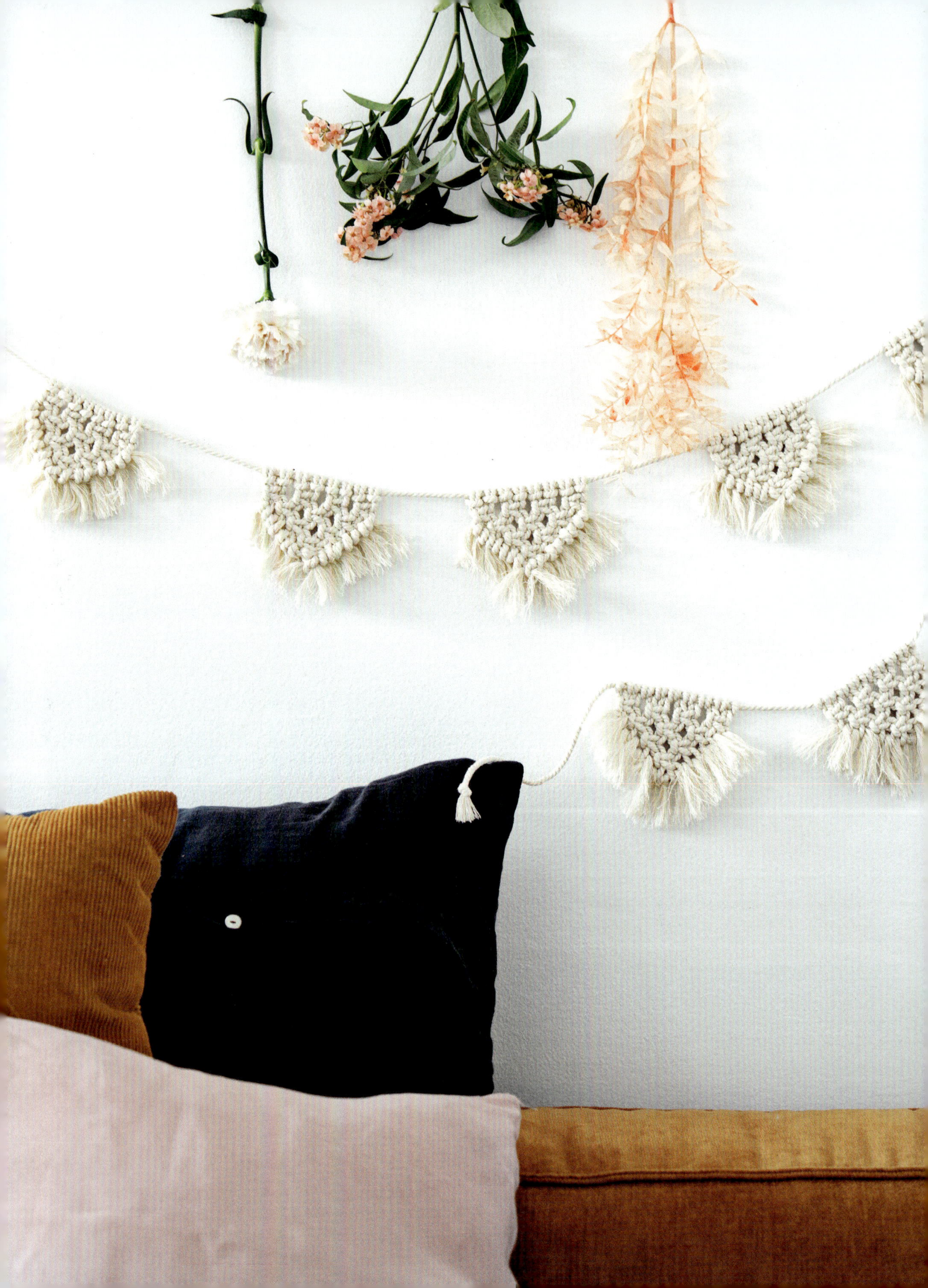

GIRLANDE MIT WIMPELN

Materialien (für 1 Girlande von 2 m Länge und mit 10 Wimpeln)
42 m Kordel mit 3 mm Ø

Werkzeuge
Schere
Makramee-Kamm

Verwendete Knoten
Lerchenkopfknoten (siehe Seite 64)
Doppelknoten (siehe Seite 65)
Alternierende Flachknoten (siehe Seite 67)
Doppelte diagonale Rippe (siehe Seite 74)

Acht 50 cm lange Kordelstücke (diese ergeben einen ersten Wimpel) dicht nebeneinander über ein 2 m langes Kordelstück (dieses ergibt die Girlandenschnur) legen, sodass die Fadenlängen identisch sind. Reihen von Alternierenden Flachknoten mit den acht Fäden knüpfen, dabei in jeder Reihe 1 Knoten abnehmen, um eine Dreiecksform zu bilden. Nach dem letzten Flachknoten einen Doppelknoten binden. Die beiden Schenkel des Dreiecks jeweils mit einer Reihe Doppelter diagonaler Rippen umgeben. Die Enden der Fäden mit dem Kamm ausfransen und bei Bedarf bündig zuschneiden.

Auf die gleiche Weise neun weitere dreieckige Wimpel anfertigen, die gleichmäßig in einem Abstand von 20 cm auf der Girlandenschnur angeordnet sind.

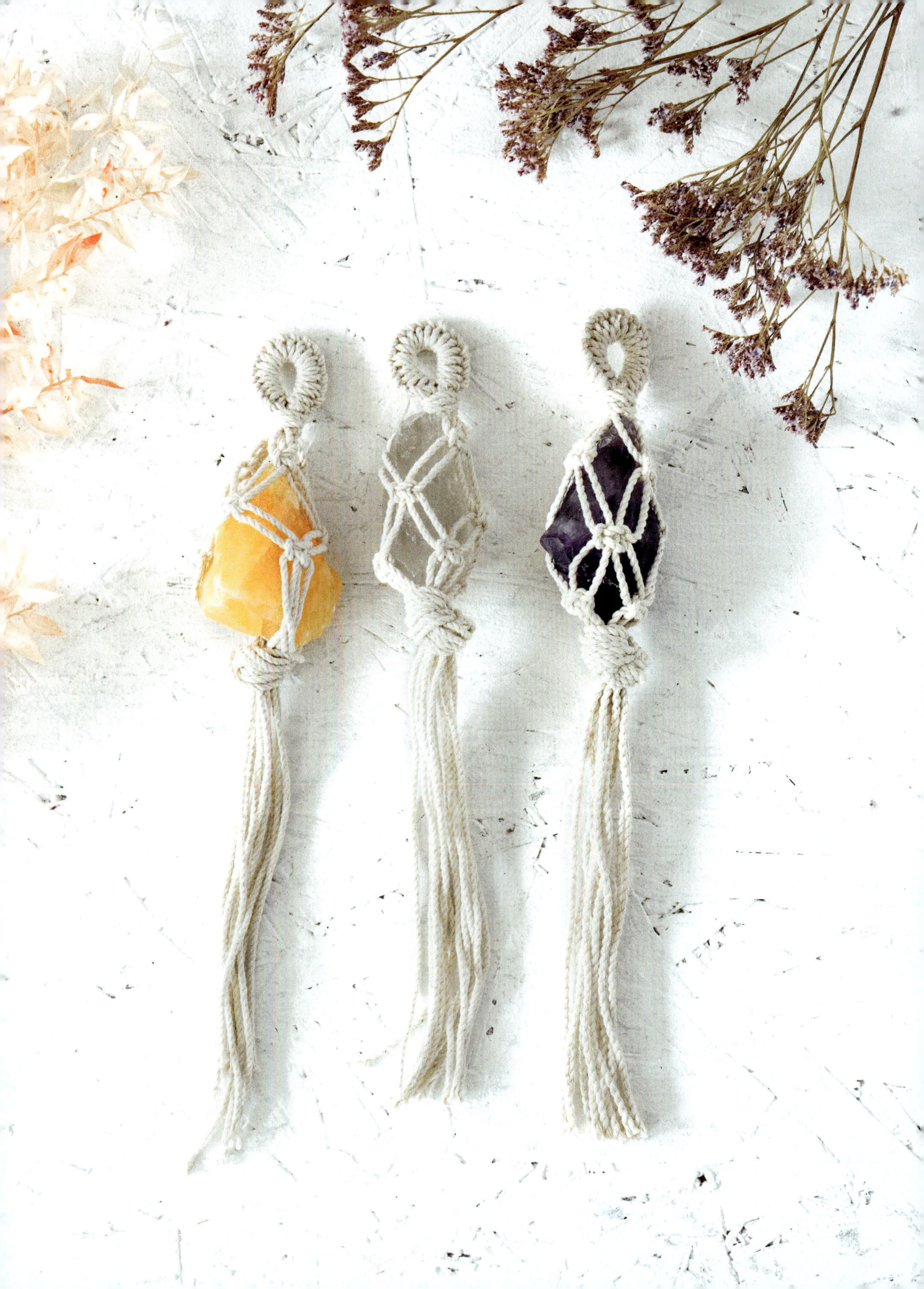

EDELSTEIN-AMPEL

Materialien (für 1 Exemplar)

7 m Kordel mit 2 mm Ø

1 Halbedelstein

Werkzeuge

Schere

Verwendete Knoten

Einfacher Knoten (siehe Seite 65)

Alternierende Flachknoten (siehe Seite 67)

Vertikaler halber Schlag (siehe Seite 70)

Kapuzinerknoten (siehe Seite 70)

Fünf je 1 m lange Kordelstücke senkrecht nebeneinanderlegen. Ein Ende eines 1,50 m langen Kordelstücks auf das obere Ende der anderen Kordelstücke legen.

In einer Höhe von 46 cm dicht an dicht 20 Vertikale halbe Schläge um die ersten fünf Kordelstücke knüpfen, wobei das längere Kordelstück als Arbeitsfaden dient. Mittig falten, um eine Schlaufe zu bilden, und mit einem 30 cm langen Kordelstück einen Kapuzinerknoten mit drei Umwicklungen um alle Kordelstücke binden.

Die zwölf Kordelenden in drei Gruppen zu je vier Fäden aufteilen. Drei Schlingen mit je drei Alternierenden Flachknoten binden, dabei die Abstände der Schlingen der Höhe des Steins anpassen. Den Stein mittig hineinstecken und mit einem Einfachen Knoten aus den zwölf Kordelstücken sichern.

Die Kordelenden so zuschneiden, dass Fransen von etwa 10 cm Länge entstehen.

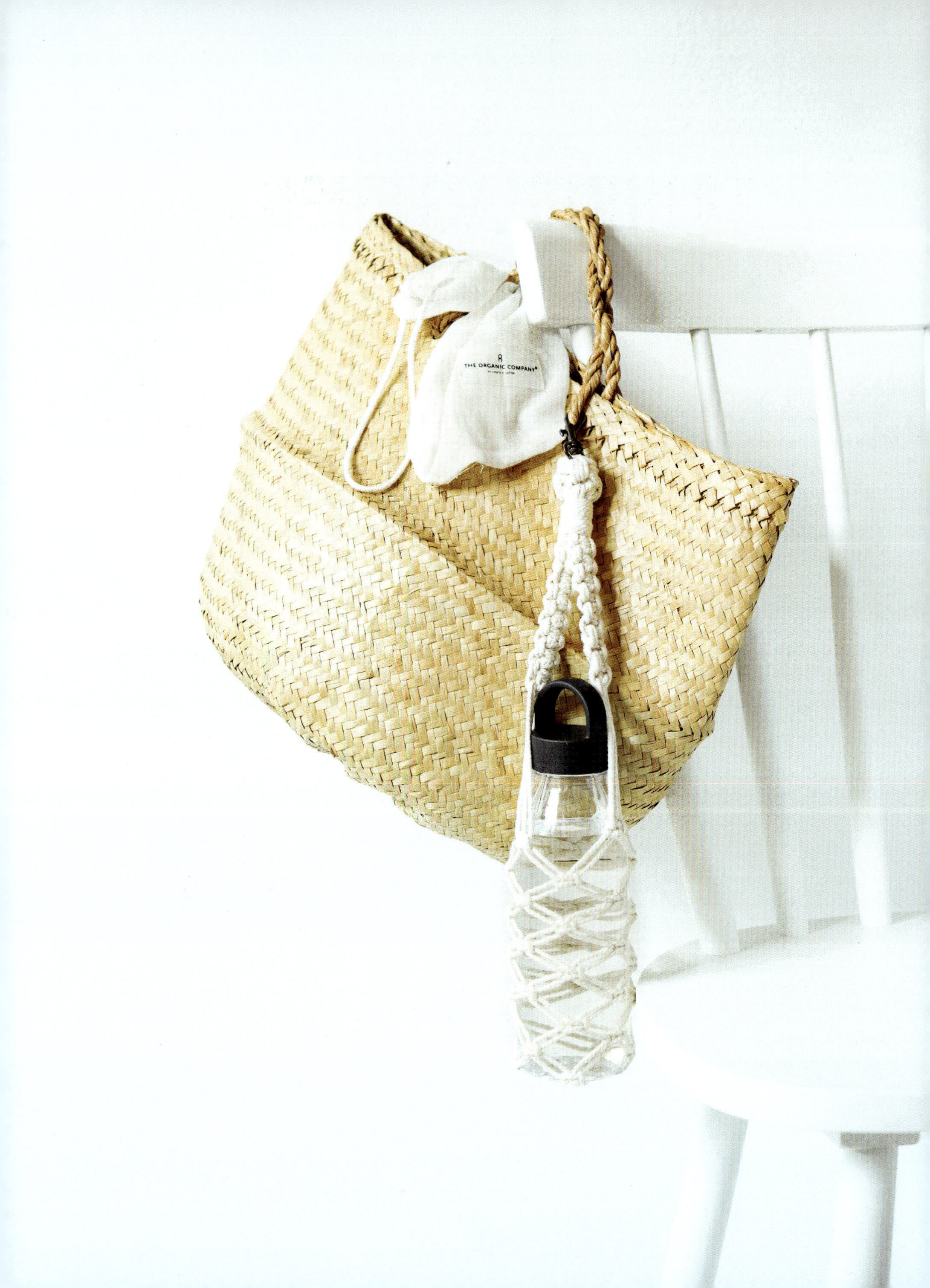
THE ORGANIC COMPANY®

TRINKFLASCHEN-HALTER

Materialien

21 m Kordel mit 2 mm Ø

1 Trinkflasche für 500 ml

1 Karabiner-Anhänger mit 15 mm Länge

Werkzeuge

Schere

Verwendete Knoten

Lerchenkopfknoten (siehe Seite 64)

Einfacher Knoten (siehe Seite 65)

Flachknoten (siehe Seite 66)

Alternierende Flachknoten (siehe Seite 67)

Kapuzinerknoten (siehe Seite 70)

Die Arbeit beginnt ganz unten. Ein 2,5 m langes Stück Kordel waagerecht auf die Arbeitsfläche legen. Zentriert sieben gleich lange Stücke so mit Lerchenkopfknoten anknüpfen, dass die Fadenlängen identisch sind. Die Fadenenden unten mit einem festen Einfachen Knoten verbinden und die Enden dicht am Knoten bündig abschneiden. Dies bildet die Basis des Netzes.

Zehn Reihen Alternierender Flachknoten im Abstand von 2 cm knüpfen – sie bilden vier Gruppen mit je vier Fäden.

Für den Henkel zwei Gruppen von vier Fäden nehmen und 8 cm von der letzten Reihe der Alternierenden Flachknoten entfernt 9 cm hohe Flachknoten binden. Mit den anderen beiden Gruppen von vier Fäden ebenso verfahren.

Alle 16 Fäden zusammenführen, 3 cm frei lassen und mit allen Fäden zwei Flachknoten bilden. Die Fäden durch die Öse des Karabiners ziehen und wieder zwei Flachknoten mit allen Fäden binden, um den Karabiner zu sichern.

Die Fadenenden zu einer Schlaufe falten und ein 1 m langes Kordelstück fest mit einem Kapuzinerknoten um alle Fäden wickeln. Die Enden der Fäden nahe am Knoten bündig abschneiden.

Tipp

Die Größe des Netzes kann an die Größe der Trinkflasche angepasst werden, indem man die Abstände zwischen den Alternierenden Flachknoten verkleinert oder vergrößert.

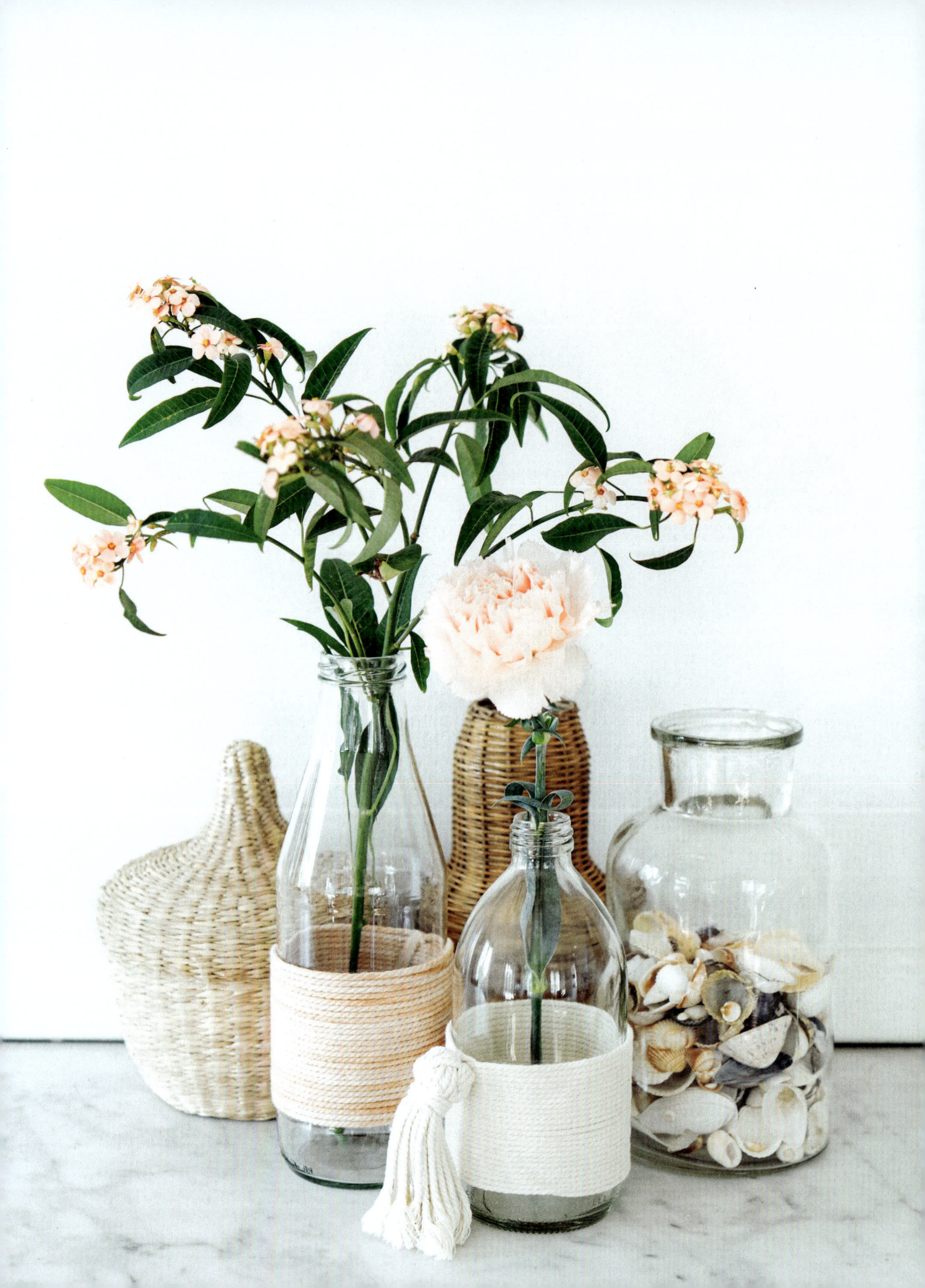

FLASCHEN-DEKO

Materialien (für 1 Flasche)

6,50 m Kordel mit 2 mm Ø

optional 5 m Kordel mit 2 mm Ø (für eine Quaste)

1 Glasflasche

Werkzeuge

Durchziehnadel

Schere

Verwendete Knoten

Kapuzinerknoten (siehe Seite 70)

Viereckiger Zopf (siehe Seite 71)

Einen etwa 6 cm hohen Kapuzinerknoten um die Flasche binden.

Für eine Quaste optional 16 Stücke Kordel von 25 cm Länge abschneiden und zu vier Gruppen mit je vier Fäden bündeln. Einen Viereckigen Zopf flechten, indem man mit vier Doppelfäden arbeitet, und dann die Enden der 16 Fäden zusammenfügen. Mit einem 50 cm langen Stück Kordel einen Kapuzinerknoten mit drei Umwicklungen um das Fadenbündel binden. Die restlichen 50 cm Kordel mit der Durchziehnadel durch den oberen Teil der Quaste ziehen und dann unter einer der um die Flasche gewickelten Umwicklungen hindurch, um sie anzubinden.

Tipp

Es können nicht nur Flaschen, sondern auch Gläser verziert werden, unabhängig von ihrer Größe oder Form. Eine originelle Art, Dekoration und Recycling zu verbinden. Wer möchte, kann die Kordeln auch einfärben (siehe Seiten 62–63).

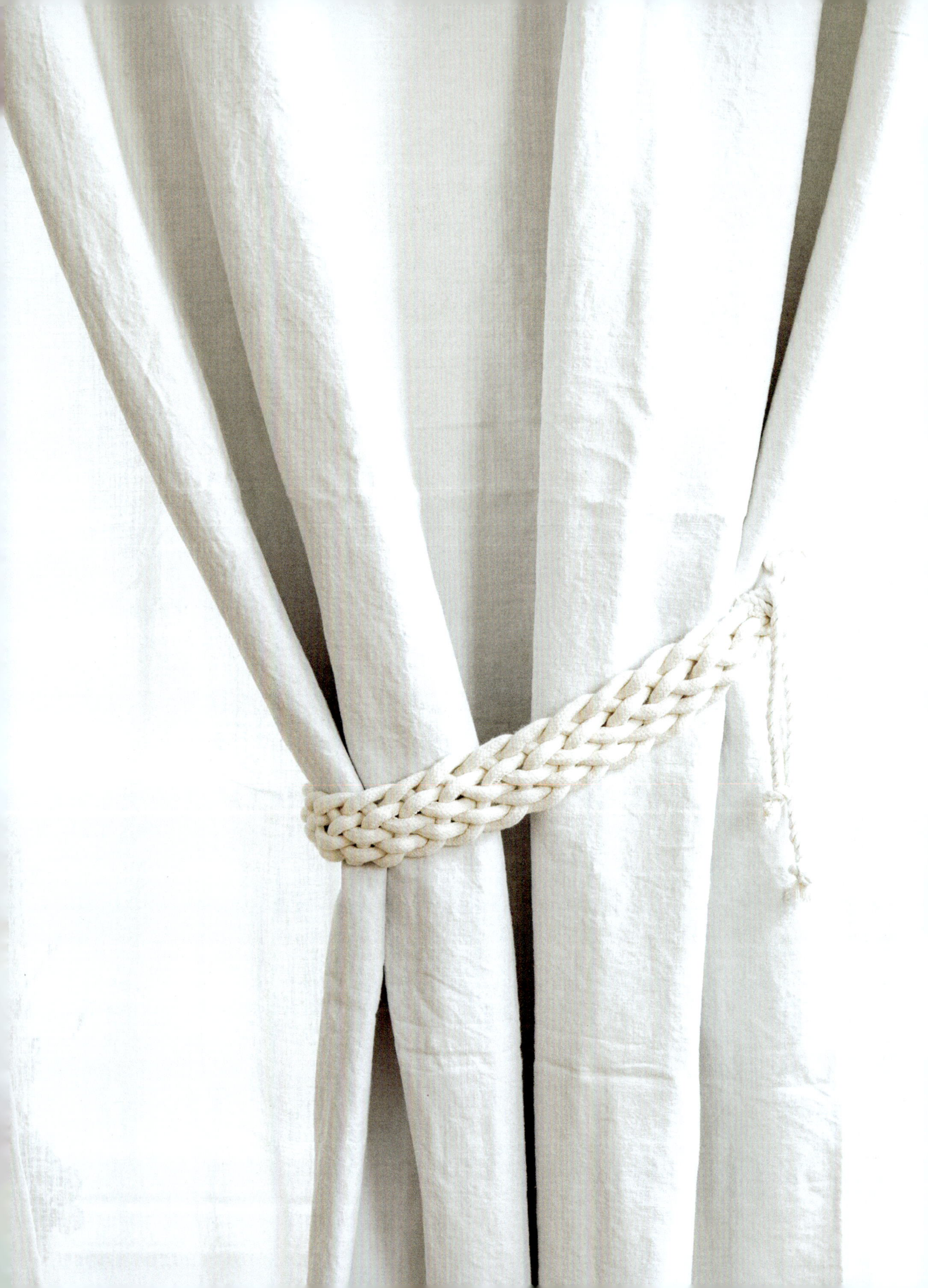

VORHANG-RAFFHALTER

Materialien (für 1 Schlaufe)

1,40 m Kordel mit 6 mm Ø

10 m Polsterschnur mit 8 mm Ø

Werkzeuge

Schere

Verwendete Knoten

Lerchenkopfknoten (siehe Seite 64)

Einfacher Knoten (siehe Seite 65)

Zopf mit acht Fäden (siehe Seite 71)

Kapuzinerknoten (siehe Seite 70)

An jedem Ende eines 70 cm langen Kordelstückes einen Einfachen Knoten anbringen, damit es nicht ausfranst. Das Kordelstück waagerecht auf die Arbeitsfläche legen und vier jeweils 2,5 m lange Polsterschnurstücke mit Lerchenkopfknoten daran befestigen, sodass acht gleich lange Fäden entstehen.

Einen Zopf mit acht Fäden von etwa 75 cm Länge flechten, an den Enden etwa 10 cm ungeflochten lassen.

Den Zopf mittig falten, um eine Schlaufe zu bilden. Mit einem 70 cm langen Stück Kordel einen straffen Kapuzinerknoten mit drei Umwicklungen am Fuß der Schlaufe binden. Die Fadenenden bündig abschneiden.

Ein Ende der Anfangs-Kordel durch die Schlaufe ziehen, dann das andere Ende durch die Schlaufe in die andere Richtung führen. Die Enden festzurren.

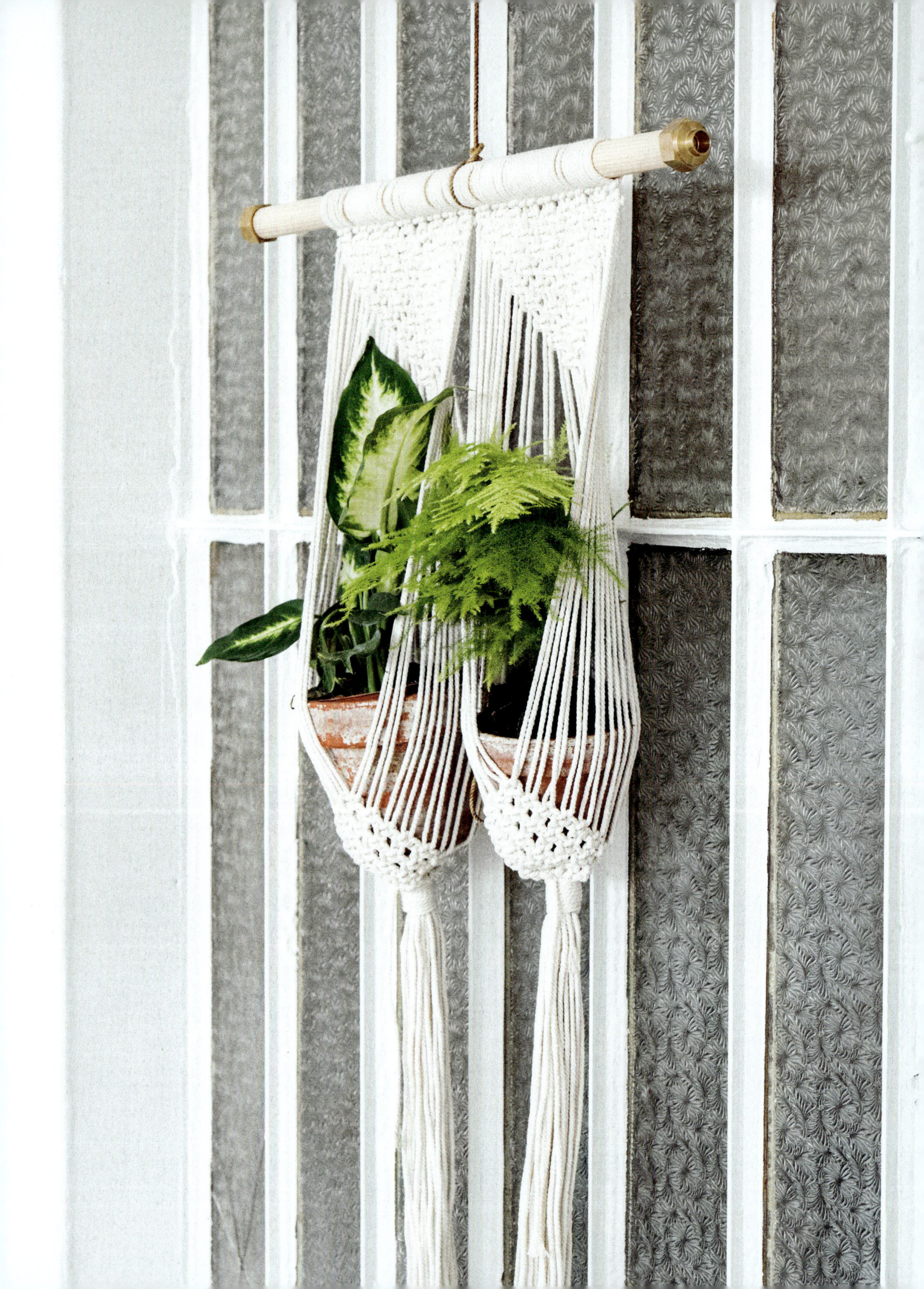

PFLANZENAMPEL AM HOLZSTAB

Materialien (für 1 Ampel)
28 m Kordel mit 3 mm Ø
1 Holzstab mit 30 cm Länge

Werkzeuge
Schere

Verwendete Knoten
Lerchenkopfknoten (siehe Seite 64)
Flachknoten (siehe Seite 66)
Alternierende Flachknoten (siehe Seite 67)
Kapuzinerknoten (siehe Seite 70)

Neun je 3 m lange Kordelstücke mit Lerchenkopfknoten am Holzstab anbinden, sodass 18 identische Fadenlängen entstehen.

Neun Reihen Alternierender Flachknoten knüpfen und dabei für jede Reihe auf jeder Seite um einen Flachknoten abnehmen, sodass ein Dreieck entsteht, das mit einem einzelnen Flachknoten abschließt.

45 cm unter dem Holzstab ein symmetrisches Dreieck knüpfen: Zwei Fäden am linken Ende und zwei Fäden am rechten Ende nehmen und einen einzelnen Flachknoten binden, der die Spitze des Dreiecks bildet. Dann acht weitere Reihen Alternierender Flachknoten knüpfen, dabei in jeder Reihe auf jeder Seite um einen Knoten zunehmen, indem man links und rechts des mittleren Knotens zwei zusätzliche Fäden einbindet.

Sobald das Dreieck fertig ist, alle Fäden bündeln und mit einem festen Kapuzinerknoten (mit etwa 10 Umwicklungen) aus einem 1 m langen Kordelstück bündeln. Die Fadenenden auf die gewünschte Länge abschneiden.

Tipp

Um eine Doppel-Pflanzenampel wie auf dem Foto anzufertigen, ein 60 cm langes Stück Holz und eine 56 m lange Kordel verwenden.

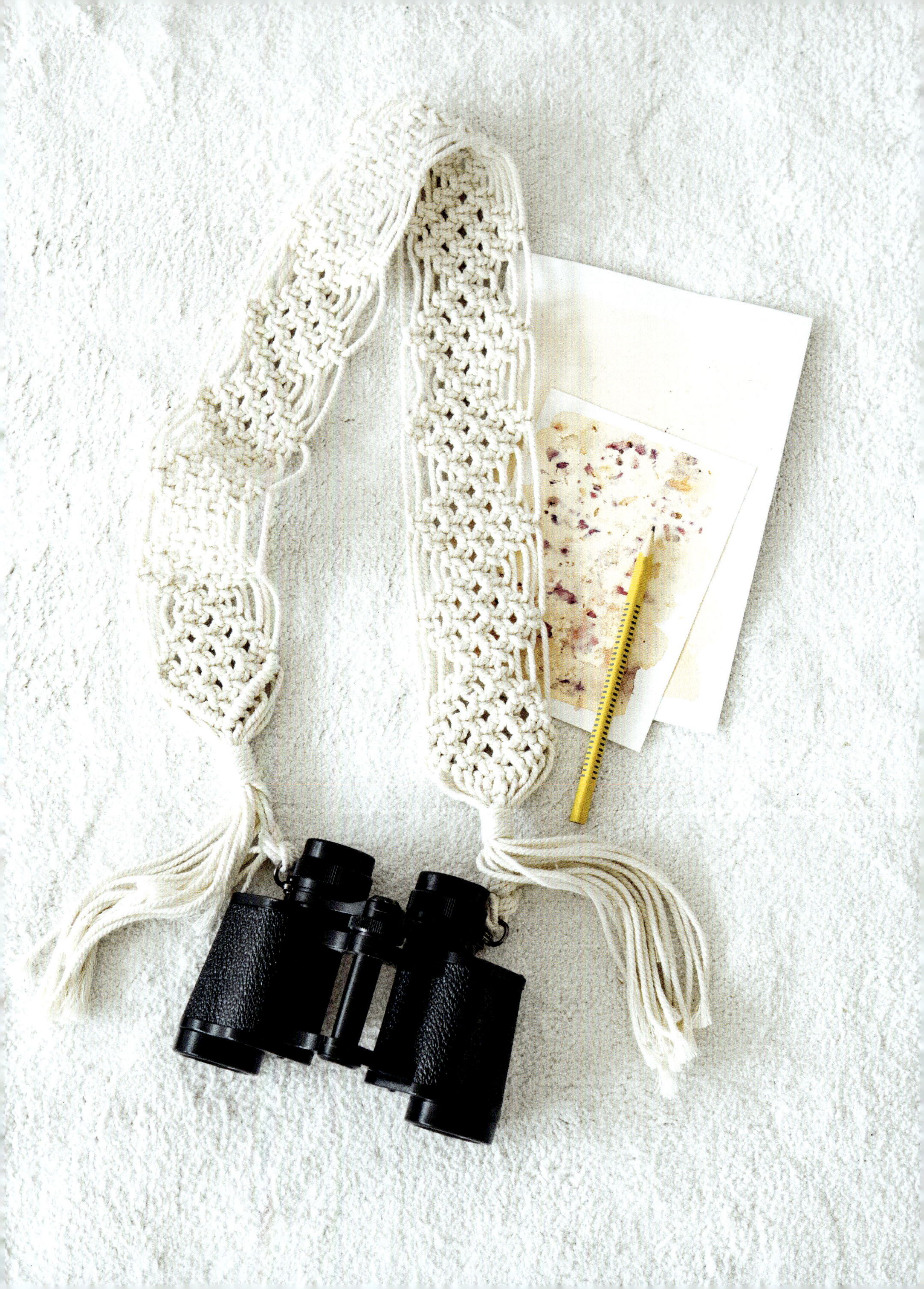

TRAGE-GURT

Materialien
45 m Kordel mit 2 mm Ø
2 kleine Karabiner-Anhänger

Werkzeuge
Schere

Verwendete Knoten
Flachknoten (siehe Seite 66)
Doppelknoten (siehe Seite 65)
Kapuzinerknoten (siehe Seite 70)
Einfache diagonale Rippe (siehe Seite 72)

16 Stücke Kordel von 2,60 m Länge zuschneiden. Den Mittelpunkt bestimmen. Die Fäden senkrecht nebeneinanderlegen. Das Rautenmuster in der Mitte der Fäden beginnen:

Reihe 1: 1 Flachknoten mit den vier mittleren Fäden

Reihe 2: 2 Flachknoten

Reihe 3: 3 Flachknoten

Reihe 4: 4 Flachknoten

Reihe 5: 3 Flachknoten

Reihe 6: 2 Flachknoten

6-mal von Reihe 1–6 wiederholen, um sieben Rauten zu bilden.

Mit einer Reihe von Einfachen diagonalen Rippen auf jeder Seite der letzten Raute abschließen. Nun ist die Hälfte des Schulterriemens fertig.

Die Arbeit um 180 Grad drehen, um die zweite Hälfte des Schulterriemens anzufertigen:

Sieben Rauten mit Flachknoten wie beim ersten Teil des Schultergurts binden und erneut mit Einfachen diagonalen Rippen auf jeder Seite abschließen.

Mit zwei Kordelstücken von je 50 cm Länge mit Kapuzinerknoten die Enden der Fäden auf jeder Seite des Gurtes umwickeln.

Auf jeder Seite des Gurtes einen Karabiner-Anhänger mit festem Doppelknoten aus den Enden von je vier Fäden befestigen, so nah wie möglich am Kapuzinerknoten. Die Fransen auf die gleiche Länge schneiden.

Tipp

Dieser Gurt ist multifunktionell! Er eignet sich nicht nur als Fernglashalter, sondern auch als Kameraband, Gitarrengurt …

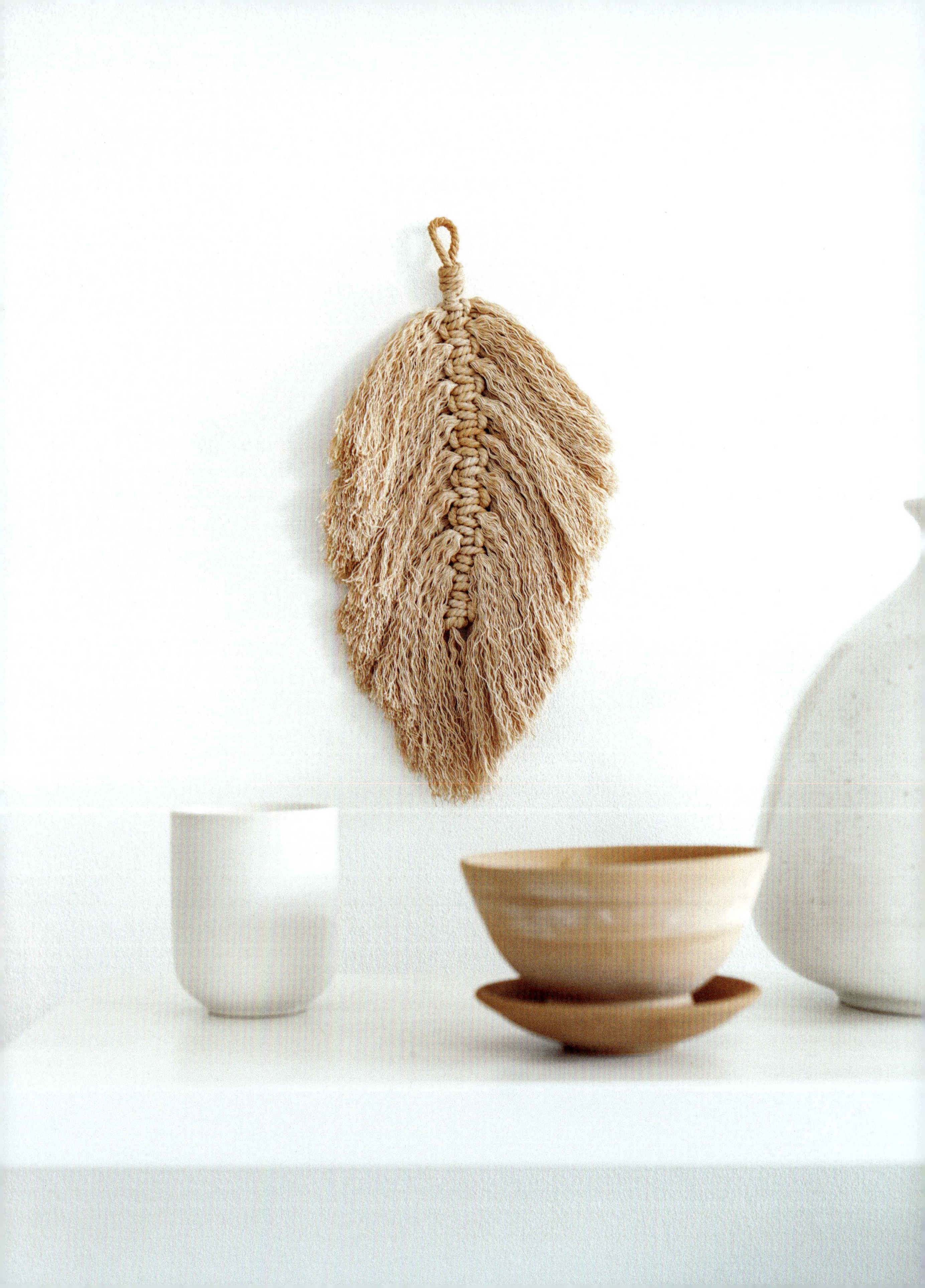

PALM-WEDEL

Materialien
10 m Kordel mit 3 mm Ø

Werkzeuge
Schere
Makramee-Kamm

Verwendete Knoten
Kreuzknoten
(siehe Seite 65)
Doppelknoten
(siehe Seite 65)
Kapuzinerknoten
(siehe Seite 70)

Ein 60 cm langes Kordelstück mittig falten (es dient als Mittelrippe des Palmwedels). Mit einem 30 cm langen Kordelstück einen Kapuzinerknoten mit fünf Umwicklungen binden, etwa 3 cm vom oberen Ende der Mittelrippe entfernt. Den Knoten festzurren und das Fadenende bündig abschneiden. So entsteht eine Schlaufe zum Aufhängen des Palmwedels.

34 Kordelstücke von je 25 cm Länge zuschneiden und paarweise über die gesamte Länge des Rippenfadens verteilt anknüpfen, indem man 17 alternierende Kreuzknoten bindet, abwechselnd rechts- und linksgerichtet, dicht aneinander. Dann an beiden Enden einen Doppelknoten binden, um das Makramee zusammenzuhalten und ein Verrutschen zu verhindern.

Zum Schluss die 34 Kordelenden mit dem Makramee-Kamm ausfransen, dann zurechtschneiden, um dem Palmwedel seine endgültige Form zu verleihen.

Tipp

Man kann den Palmwedel natur belassen, aber wenn man ihn ein wenig versteifen möchte, kann man ihn mit Haarspray oder Wäschesteif besprühen. Man kann den Palmwedel auch mit Sprühkleber auf ein kleines Stück Pappe kleben, das man auf die Form des Palmwedels zuschneidet.

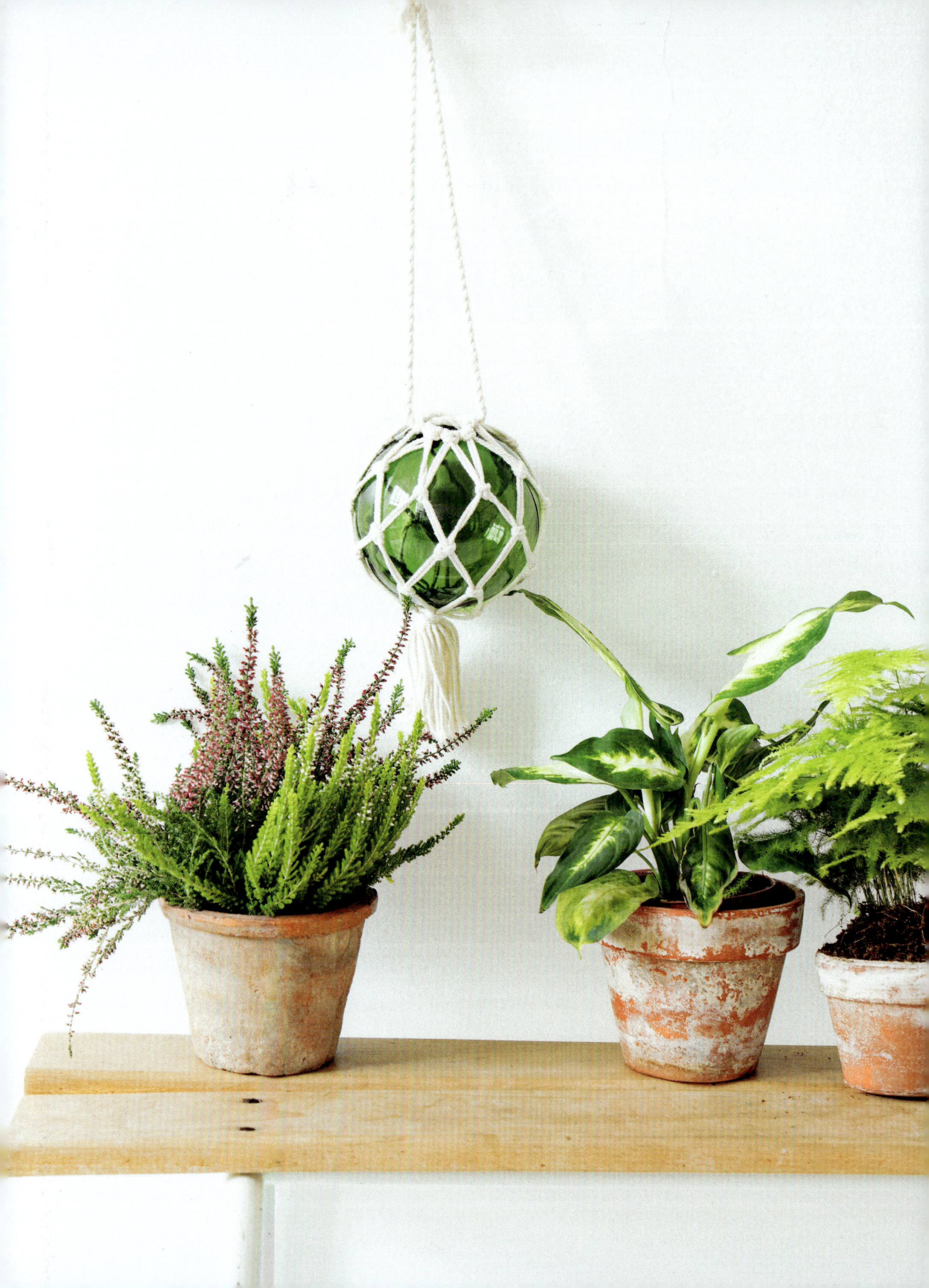

GLASKUGEL IM NETZ

Materialien

22 m Kordel mit 2 mm Ø

80 cm Kordel mit 4 mm Ø

1 Glaskugel

Werkzeuge

Schere

Rechteck aus Karton mit den Maßen 3,5 cm × 6,5 cm

Verwendete Knoten

Lerchenkopfknoten (siehe Seite 64)

Einfacher Knoten (siehe Seite 65)

Einfache Netzknoten (siehe Seite 69)

Kapuzinerknoten (siehe Seite 70)

16 Stücke 2-mm-Kordel von 1,20 m Länge zuschneiden und paarweise auf die Arbeitsfläche legen, um acht Gruppen von je zwei Fäden zu bilden.

Eine Gruppe waagerecht positionieren und die anderen Gruppen mit Lerchenkopfknoten so daran anknüpfen, dass die Fadenlängen identisch sind. Mit einem festen Einfachen Knoten sichern.

Fünf Reihen alternierender Einfacher Netznoten im Abstand von 3,5 cm knüpfen. Um diesen Abstand beizubehalten, das Papprechteck als Platzhalter zwischen die Fäden legen, bevor man einen Knoten bindet.

Die Kugel in das Makramee-Netz geben. Die Fäden unten zusammenführen und mit einem 1 m langen Stück 2-mm-Kordel einen engen Kapuzinerknoten von etwa 10 Umwicklungen um sie binden. Die Fadenenden etwa 10 cm vom Knoten entfernt abschneiden.

Die 80 cm lange 4-mm-Kordel unter dem Anfangskreis des Makramees hindurchziehen. Die Enden zusammenführen und mit einem 1 m langen Stück 2-mm-Kordel mit einem Kapuzinerknoten verbinden, um das Netz daran aufzuhängen.

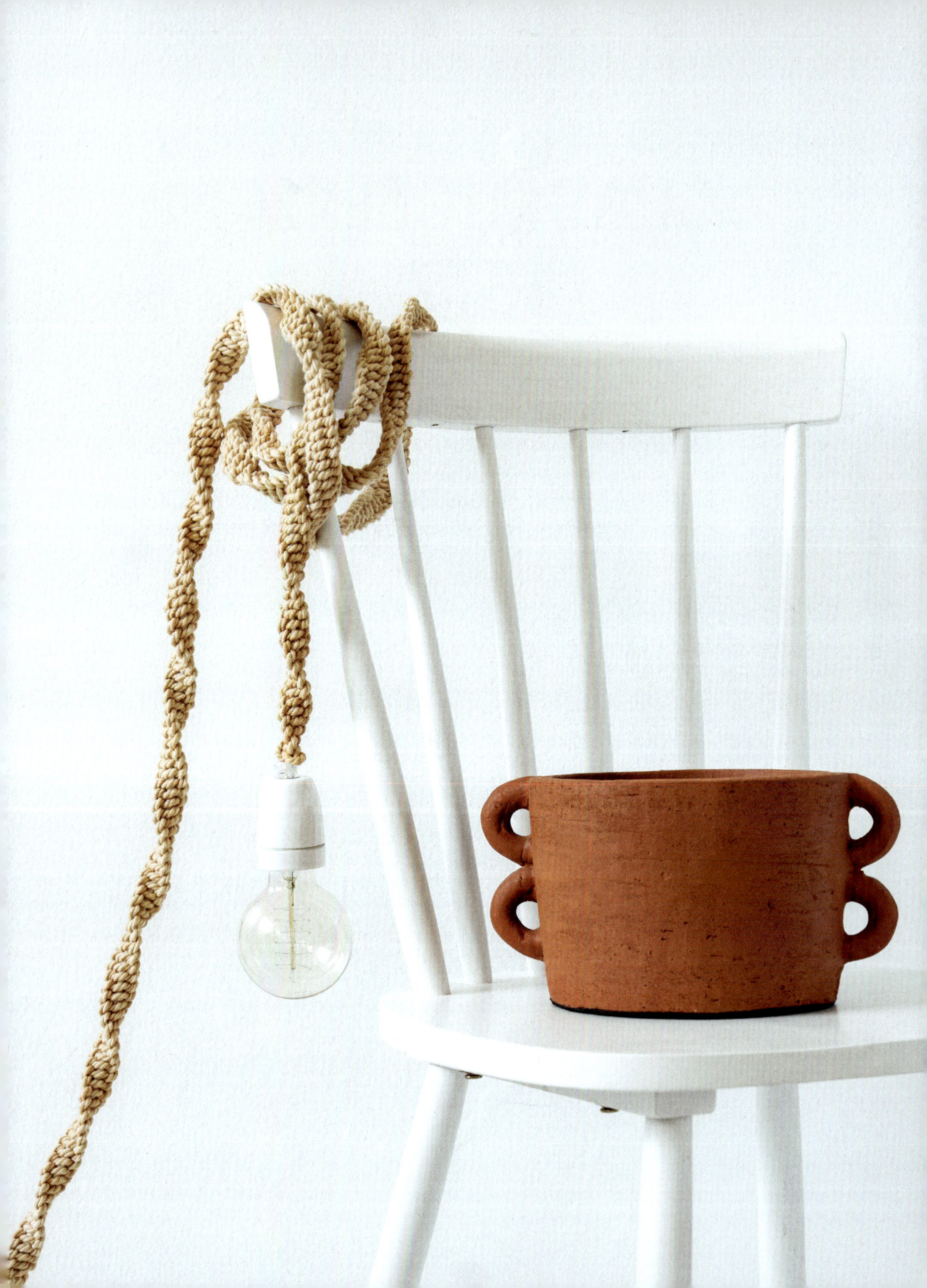

MINIMALISTISCHE LAMPE

Materialien

31 m Kordel mit 4 mm Ø

3 m Elektrokabel mit Lampenfassung, Schmuckglühbirne und Stecker

Werkzeuge

Schere

Klebeband

Verwendete Knoten

Flachknoten (siehe Seite 66)

Kapuzinerknoten (siehe Seite 70)

30 m Kordel abschneiden und um jedes Ende ein kleines Stück Klebeband wickeln, damit es nicht ausfranst. Die Mitte der Kordel mit einem Flachknoten so dicht wie möglich am Stecker an das Elektrokabel binden.

Ein 50 cm langes Stück Kordel zuschneiden und damit dicht über dem Stecker mit einen Kapuzinerknoten Kabel und 30-m-Kordel zusammenbinden. Die Enden dicht am Knoten bündig abschneiden.

Dann Flachknoten entlang der gesamten Länge des Kabels binden, bis etwa 2 cm vor dem Stecker.

Zum Schluss mit einem weiteren 50 cm langen Stück Kordel einen festen Kapuzinerknoten um Kabel und Kordel binden. Überstehende Kordelenden bündig abschneiden.

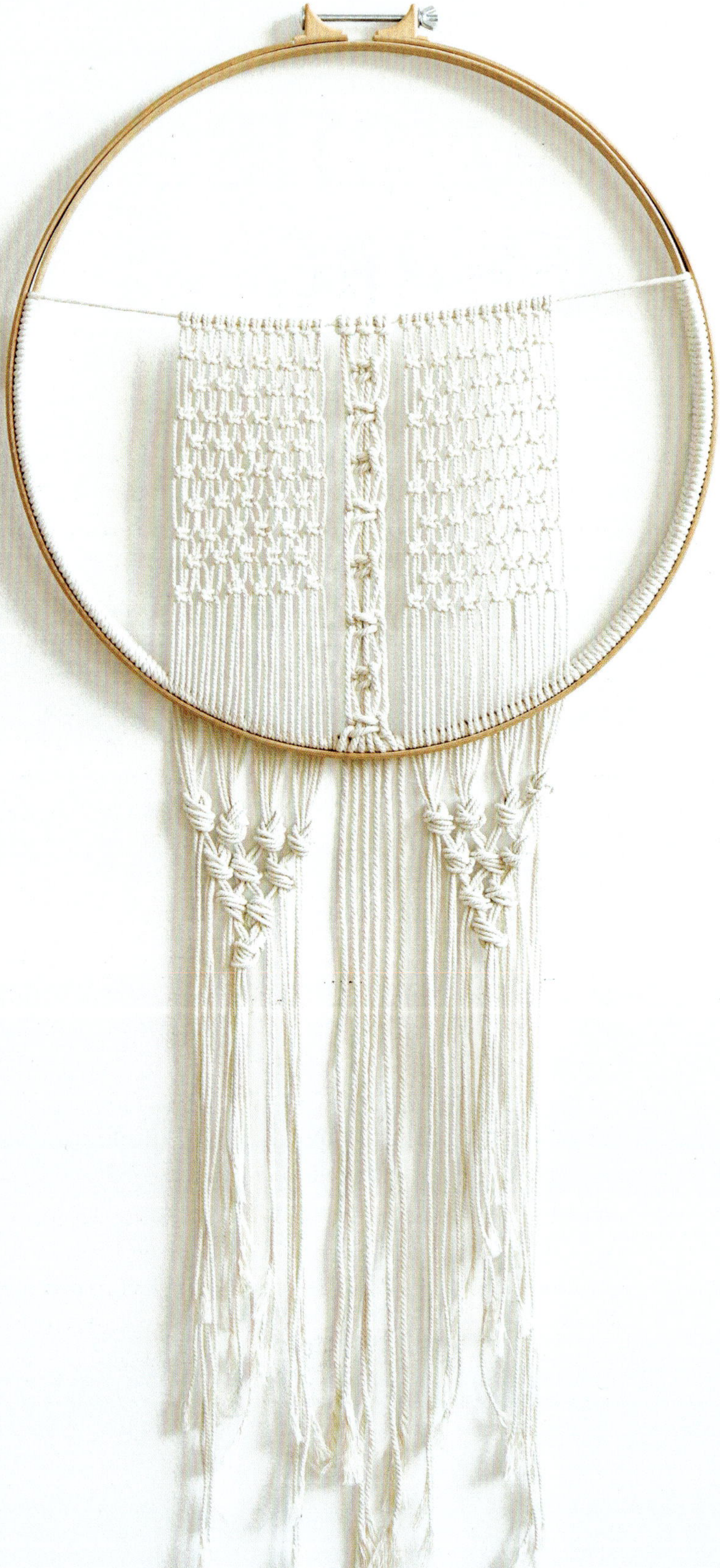

WAND-BEHANG

Materialien
57,60 m Kordel mit 2 mm Ø
14,30 m Kordel mit 4 mm Ø
1 Stickrahmen mit 48 cm Ø

Werkzeug
Schere

Verwendete Knoten
Lerchenkopfknoten (siehe Seite 64)
Mittelstrang-Knoten (siehe Seite 64)
Alternierende Flachknoten (siehe Seite 67)

Den Stickrahmen öffnen und ein 8 m langes Stück 4-mm-Kordel so waagerecht im oberen Drittel des Rahmens über den Innenreif spannen, dass die Fadenenden identisch lang sind. Jedes Fadenende mit etwa 65 Umwicklungen rundum fest um den Innenreifen wickeln, bis sich die Umwicklungen treffen. Den Außenreif aufsetzen und den Stickrahmen schließen.

Drei 2,10 m lange 4-mm-Kordelstücke mit Lerchenkopfknoten so mittig an die waagerecht gespannte Kordel binden, dass die Fadenlängen identisch sind. Mittelstrang-Knoten senkrecht bis zum unteren Rand des Stickrahmens knüpfen. Den Stickrahmen öffnen, die Fadenenden je 1-mal um den inneren Stickrahmen wickeln, festziehen, dann den Stickrahmen schließen.

Zwölf Stücke 2-mm-Kordel von je 2,40 m Länge zuschneiden. Sechs der Stücke mit Lerchenkopfknoten links neben der senkrechten Mittelknüpfung an dem gespannten Querfaden festbinden, die restlichen sechs rechts neben der Mittelknüpfung. Links neun Reihen Alternierender Flachknoten im Abstand von etwa 2,5 cm knüpfen. Den Stickrahmen öffnen, die Fadenenden je 1-mal straff um den Innenreif wickeln und den Stickrahmen schließen. Mit der rechten Seite ebenso verfahren.

Die Schraube(n) des Stickrahmens festziehen.

Die 24 Fadenenden auf der linken Seite in vier Gruppen zu je sechs Fäden aufteilen. Vier Reihen alternierender Flachknoten mit je sechs Fäden knüpfen, dabei in jeder Reihe um einen Knoten abnehmen, sodass ein Dreieck entsteht, das mit einem Einzelknoten endet. Mit der rechten Seite ebenso verfahren.

Lange, unregelmäßige Fransen hängen lassen.

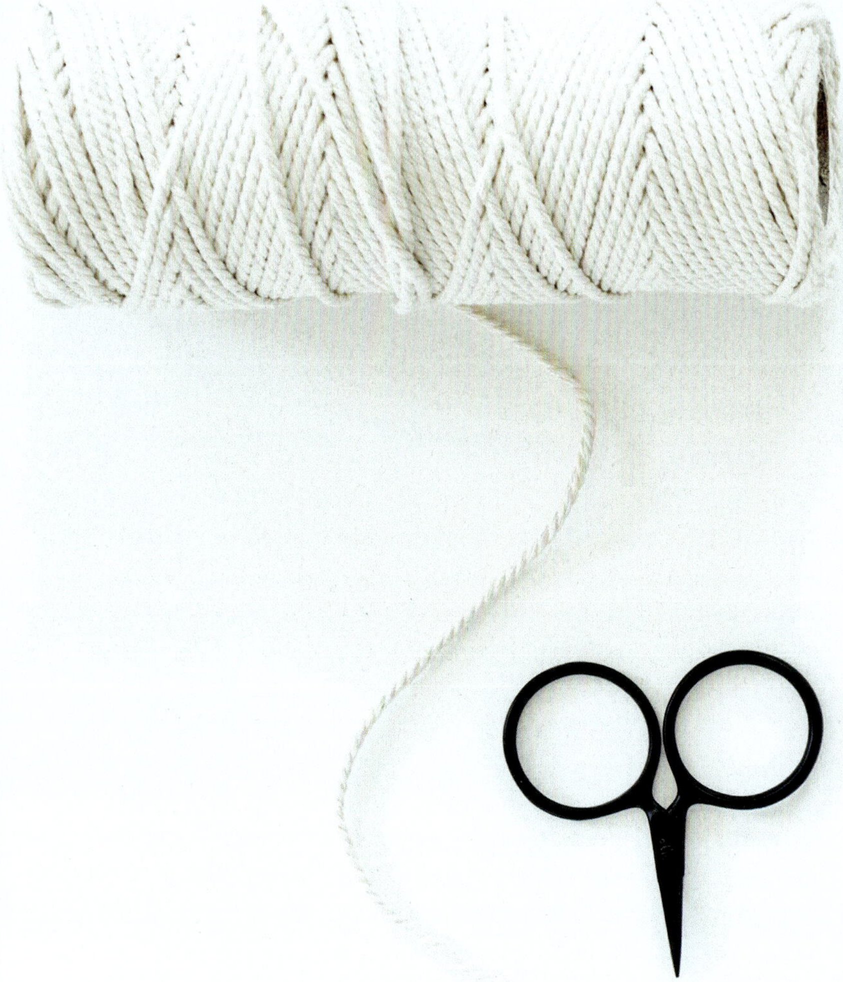

TECHNIKEN UND TIPPS

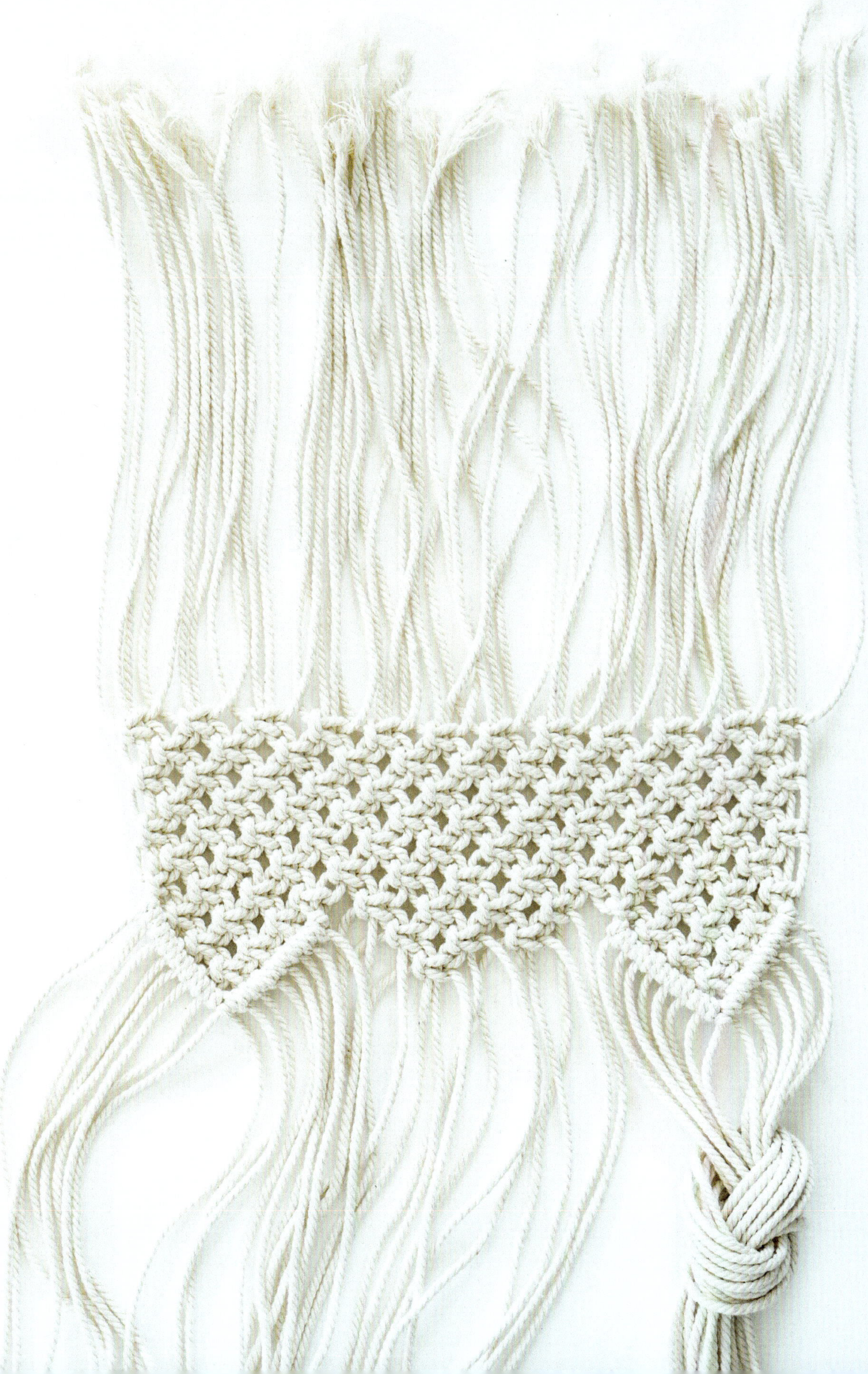

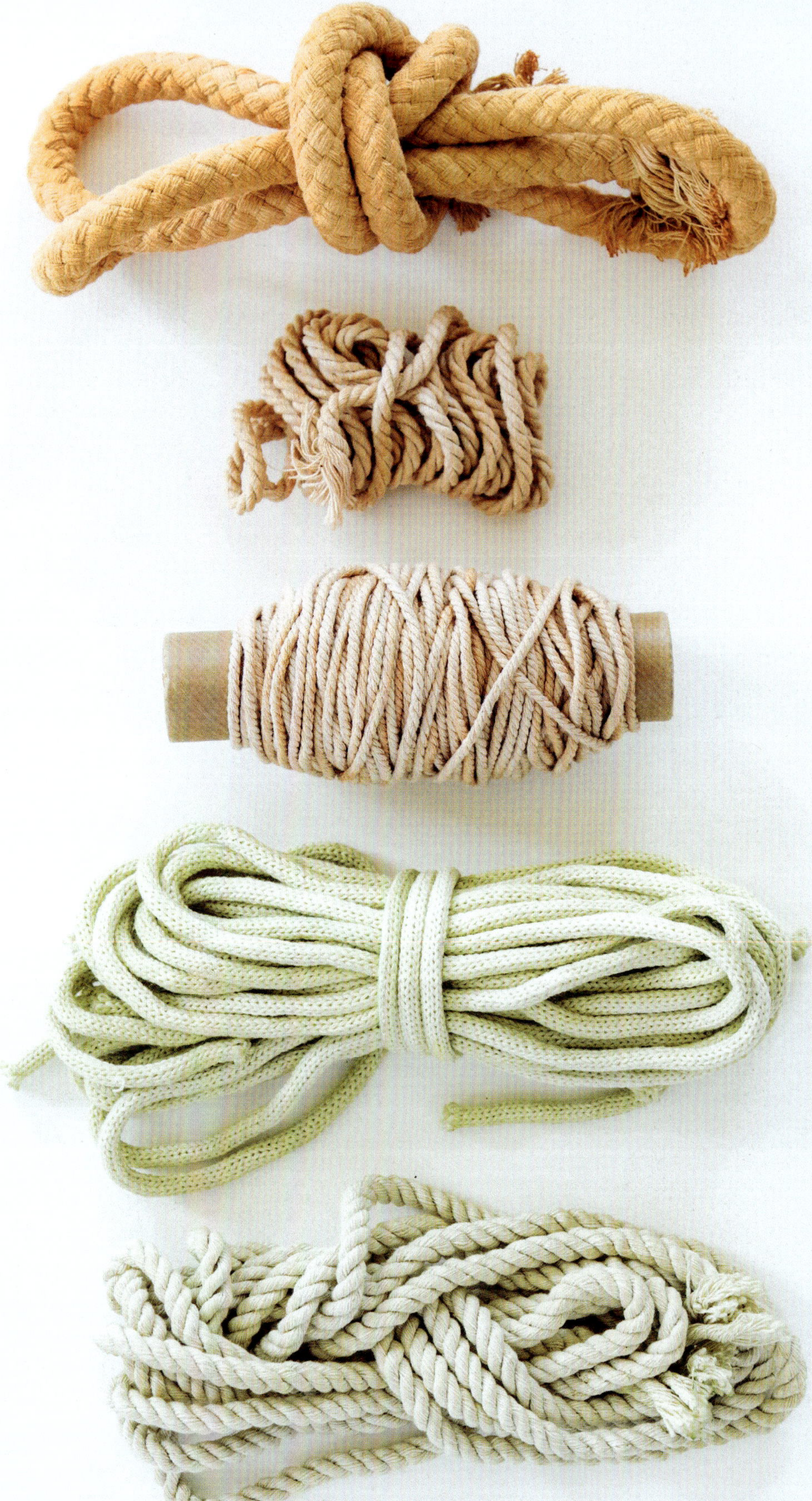

VEGGIE-FARBEN

Mit einer unorthodoxen (ausführliche Informationen zu diesem Thema sind in Fachbüchern zu finden), aber sehr einfachen Färbetechnik lassen sich aus Lebensmittelresten, die man in der Küche findet, sehr gut Seile, Kordeln und Garne färben. Die zarten Farbtöne eignen sich wunderbar für dekorative Makramee-Arbeiten, die nicht gewaschen werden müssen.

Ob man nun Karottenenden, Zwiebelhäute oder Avocadoschalen verwendet – das Verfahren ist das gleiche.

Rezeptur

Jeweils die Reste von einem Bund Karotten, einer großen Handvoll Zwiebelschalen oder die Schalen von zwei Avocados in einen Topf mit 3 l Wasser geben.

Das Wasser zum Kochen bringen und das Ganze je nach gewünschter Farbintensität 20–60 Minuten köcheln lassen (je länger die Garzeit, umso dunkler das Ergebnis).

Dann die Flüssigkeit in einen sauberen Topf abseihen. Seil/Kordel/Garn in das entstandene Farbbad legen und 20–60 Minuten sanft erhitzen. Seil/Kordel/Garn abtropfen lassen, auswringen und trocknen lassen.

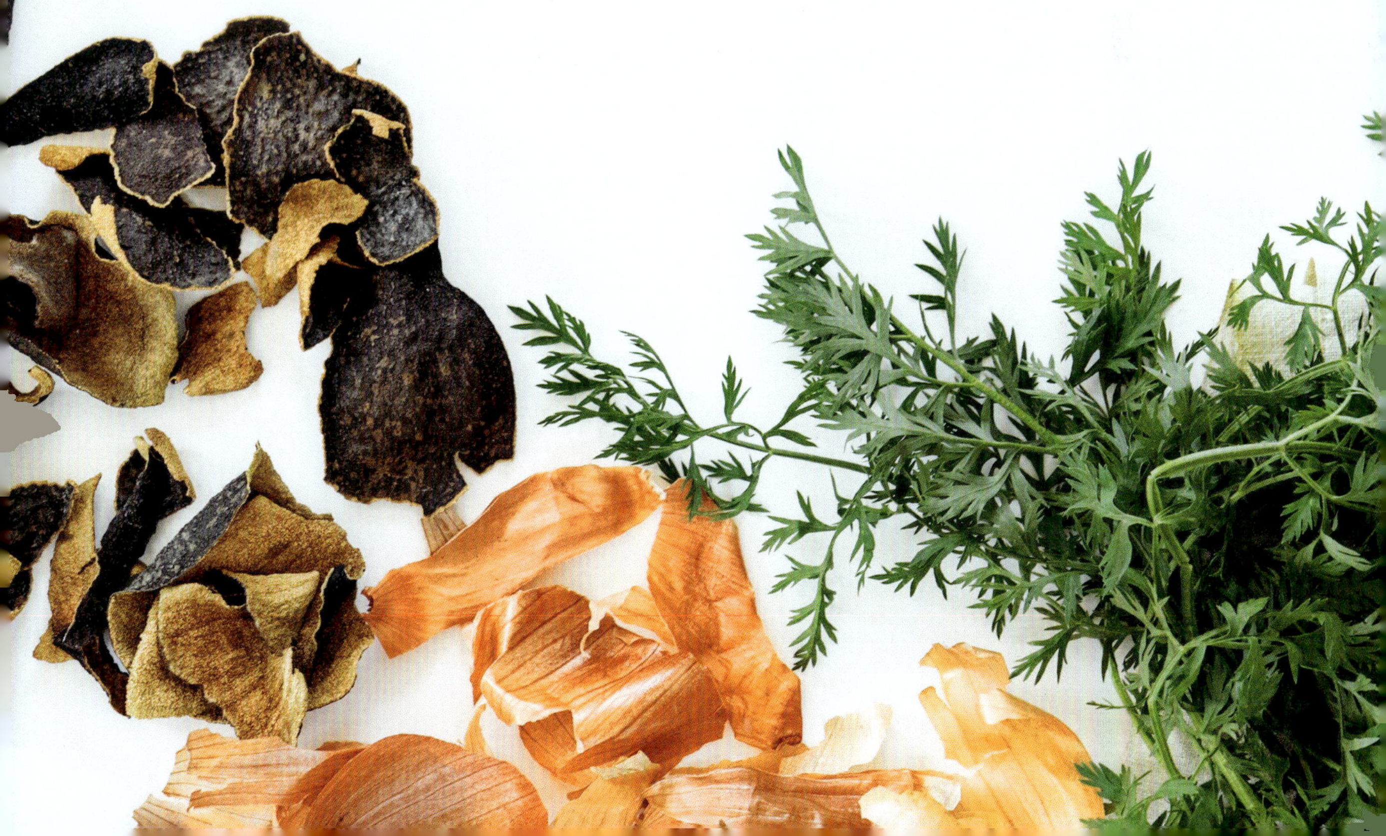

LERCHENKOPFKNOTEN

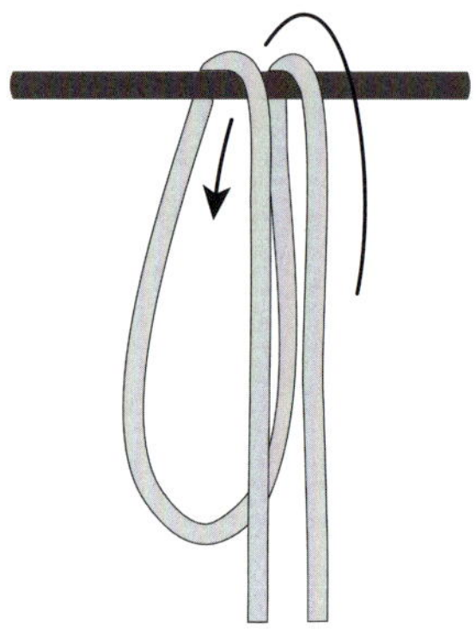

1. Den Faden mittig falten und die Schlinge rittlings über die Halterung legen.

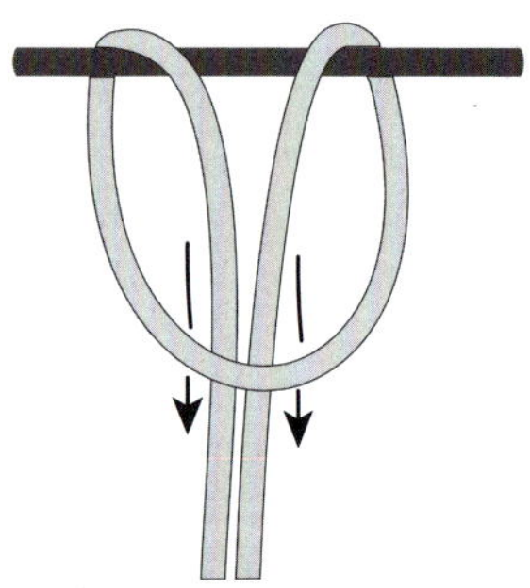

2. Die Fadenenden durch die Schlaufe ziehen.

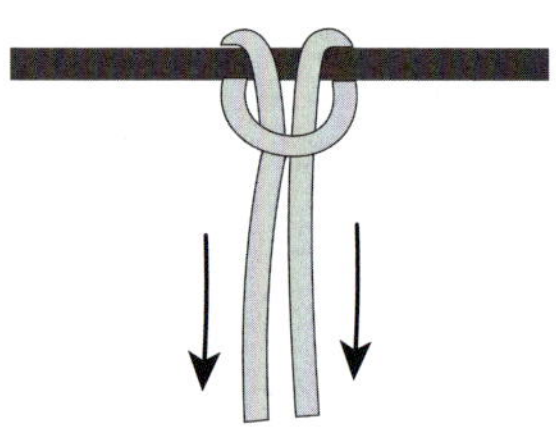

3. Die Fadenenden anziehen, sodass sich der Knoten fest um die Halterung legt. Darauf achten, dass die beiden Fadenenden gleich lang sind.

MITTELSTRANG-KNOTEN

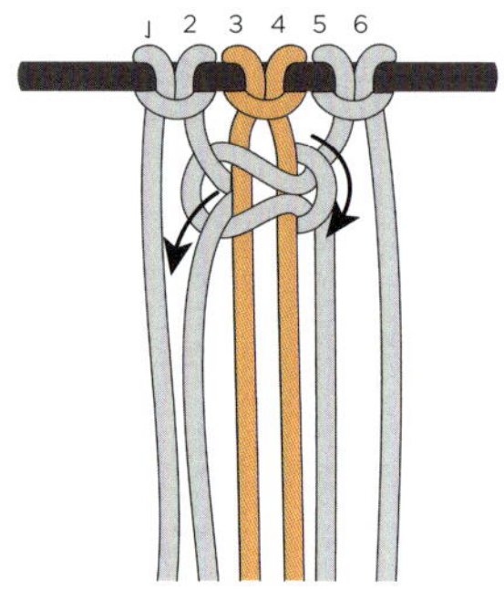

1. Einen Flachknoten mit den Arbeitsfäden 2 und 5 auf den mittleren Trägerfäden 3 und 4 binden.

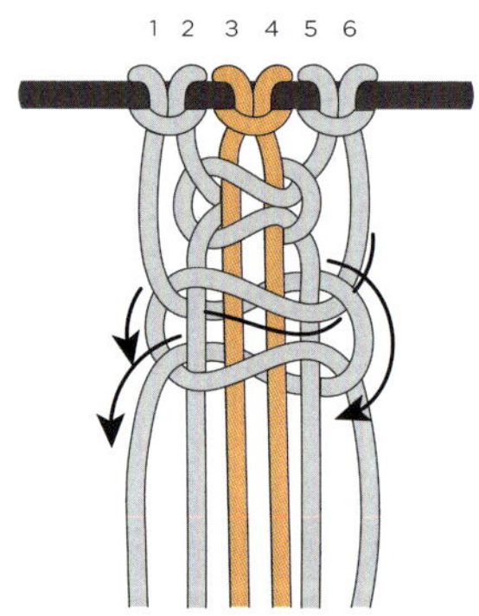

2. Für den nächsten Flachknoten die Arbeitsfäden 1 und 6 auf die inneren Trägerfäden knüpfen.

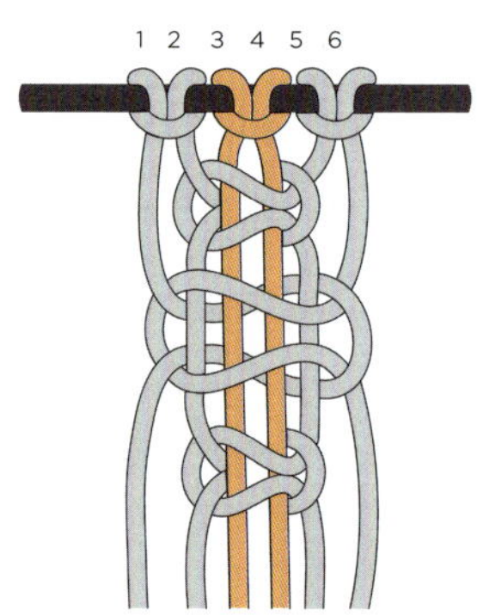

3. Für die nächsten Flachknoten alternierend die Schritte 1 und 2 wiederholen.

EINFACHER KNOTEN

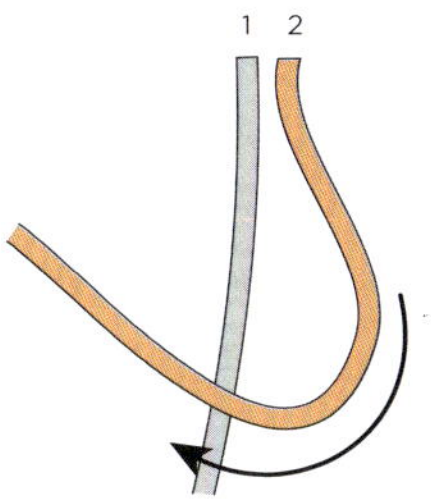

1. Arbeitsfaden 2 über Faden 1 legen.

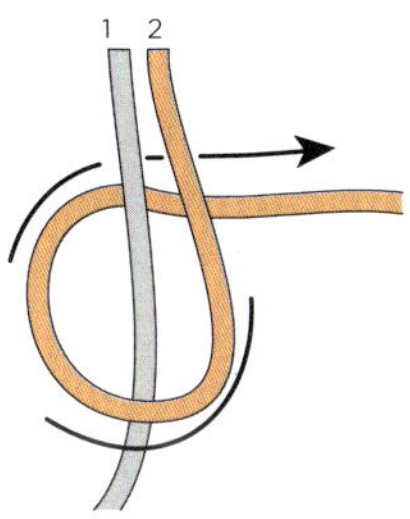

2. Arbeitsfaden 2 nach rechts unter Faden 1 hindurchführen, um eine Schlaufe zu bilden.

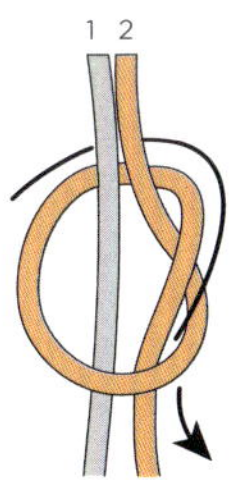

3. Faden 2 durch die Schlaufe führen und festzurren.

DOPPELKNOTEN

Einen ersten Einfachen Knoten binden, dann einen zweiten darüber.

KREUZKNOTEN

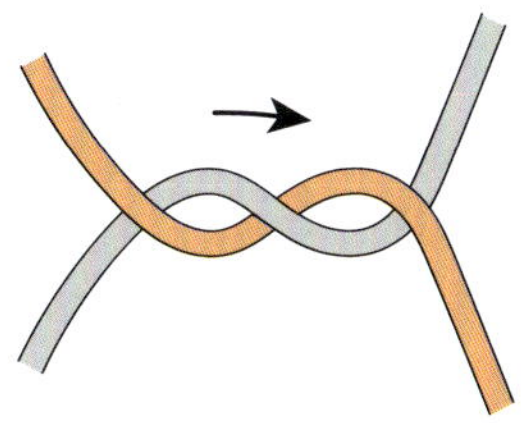

1. Einen Faden wie abgebildet 2-mal nach rechts um den anderen winden.

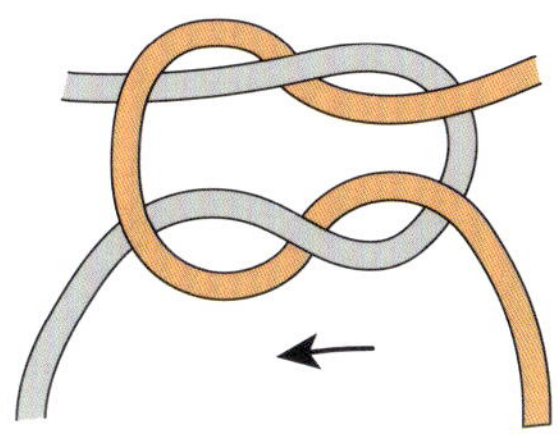

2. Die unteren beiden Fadenenden nach links umeinander winden, sodass sich zwei Schlaufen bilden.

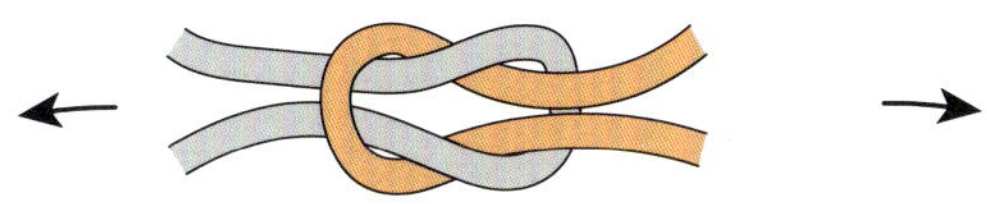

3. An den Fadenenden ziehen, um den Knoten festzuzurren.

FLACHKNOTEN

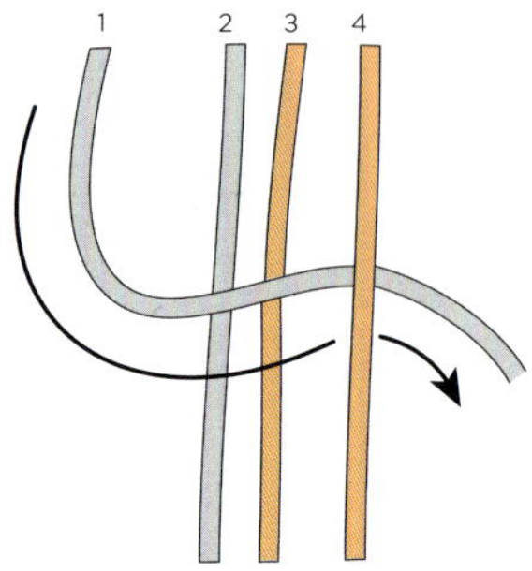

1. Nach rechts gerichteter halber Flachknoten: Faden 1 über die beiden Fäden 2 und 3 führen und unter Faden 4 hindurch.

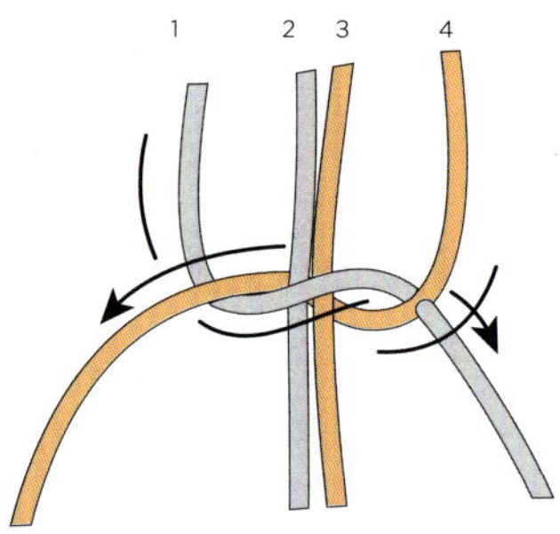

2. Faden 4 unter den Fäden 2 und 3 hindurch und über Faden 1 führen. Dann den fertigen halben Flachknoten auf die gewünschte Höhe schieben.

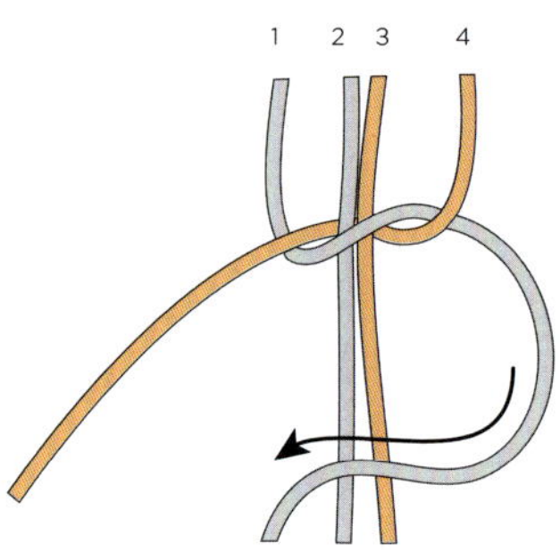

3. Nach links gerichteter halber Flachknoten: Faden 1 über die Fäden 3 und 2 führen.

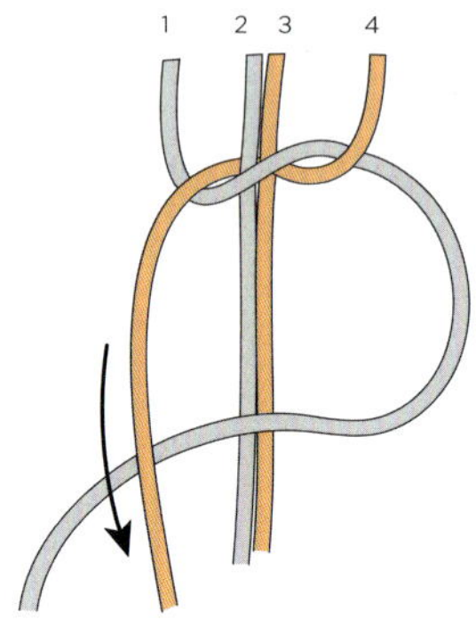

4. Faden 4 über Faden 1 legen.

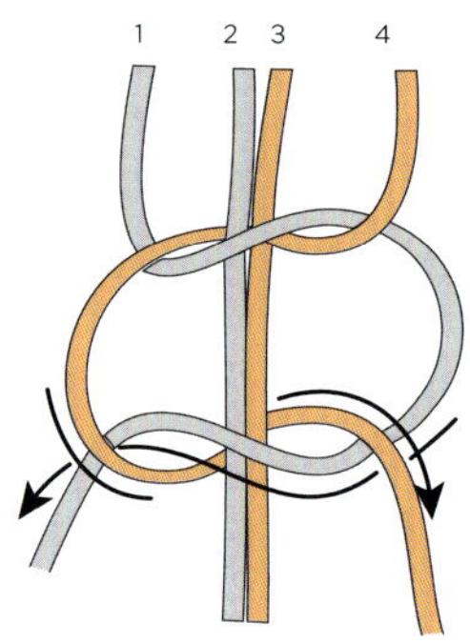

5. Faden 4 unter den Fäden 2 und 3 hindurchführen und über Faden 1 legen.

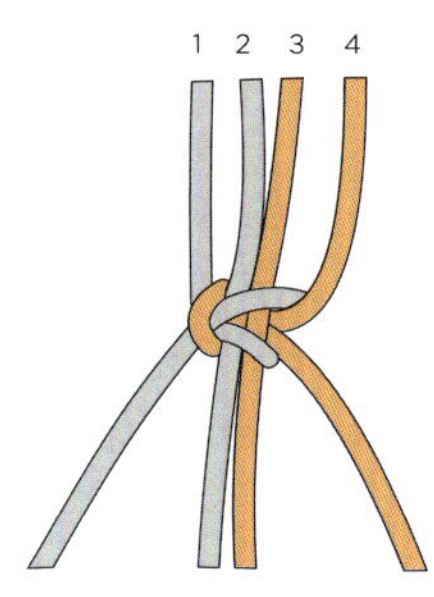

6. Den Flachknoten durch Ziehen an den Fäden 1 und 4 festzurren.

FLACHKNOTEN-SPIRALE

Schritte 1 und 2 sowie Schritte 3 und 4 alternierend wiederholen. Eine Abfolge von alternierend nach rechts und links gerichteten halben Knoten verdrillt sich von selbst.

ALTERNIERENDE FLACHKNOTEN

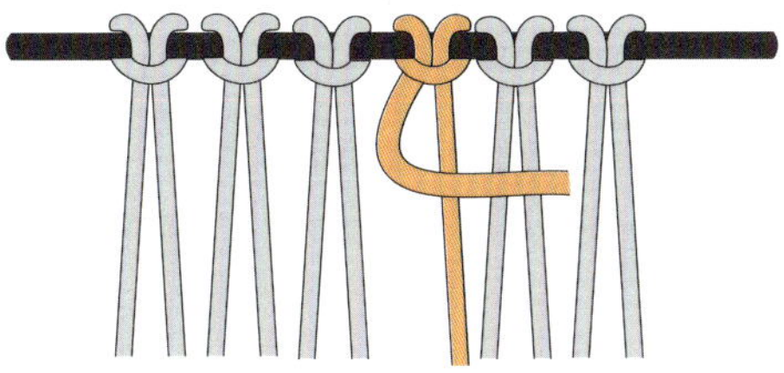

1. Alternierende halbe Knoten knüpfen, wie auf Seite 66 beschrieben, aber in versetzten Gruppen von vier Fäden arbeiten:

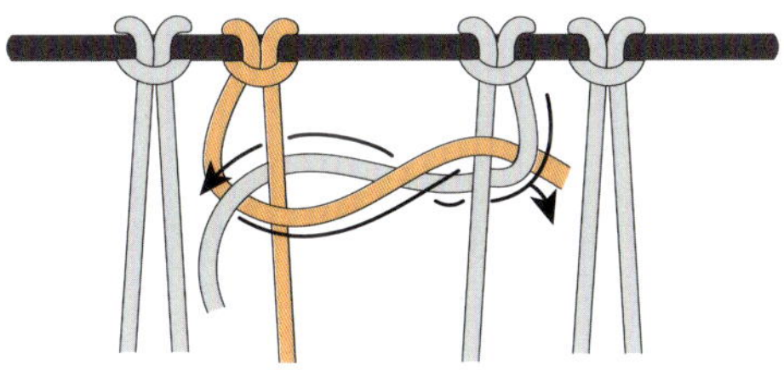

2. Den ersten halben Knoten mit einer Gruppe von vier Fäden knüpfen.

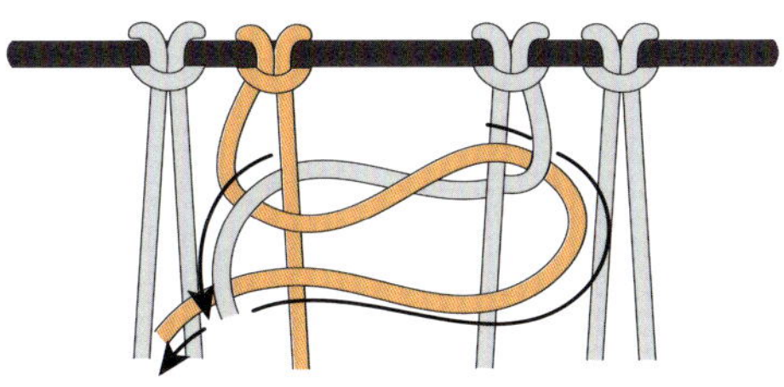

3. Den zweiten halben Knoten mit jeder Gruppe von vier Fäden knüpfen.

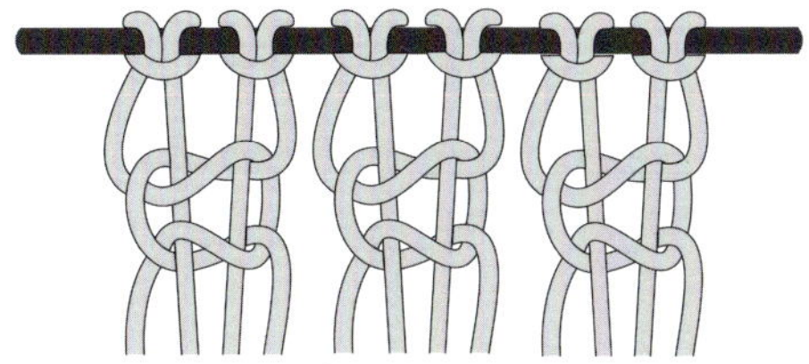

4. Es entsteht eine erste Reihe von nebeneinanderliegenden Flachknoten.

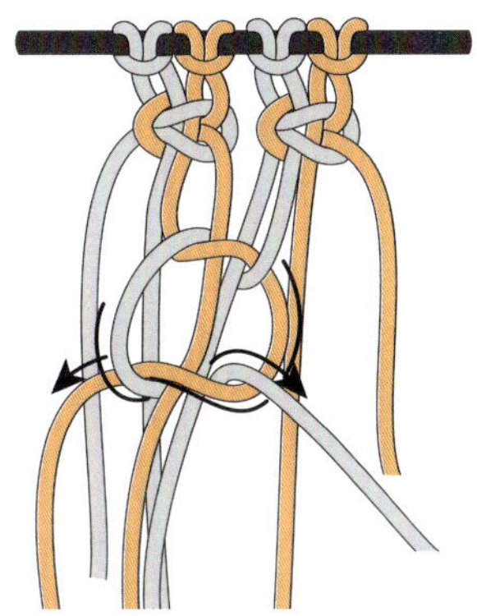

5. Dann mit etwas Abstand eine zweite Reihe Flachknoten knüpfen, aber um 2 Fäden nach rechts versetzt.

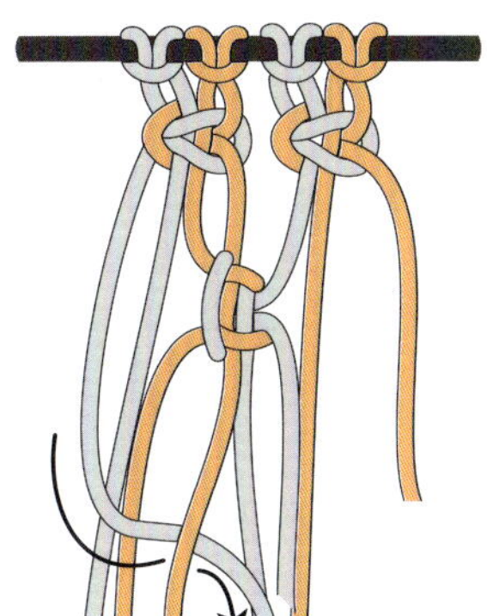

6. In der dritten Reihe zum Knüpfen der Flachknoten die Fäden der ersten Reihe verwenden. Immer die Reihen 1 und 2 wiederholen.

TOULINE-WICKELKNOTEN

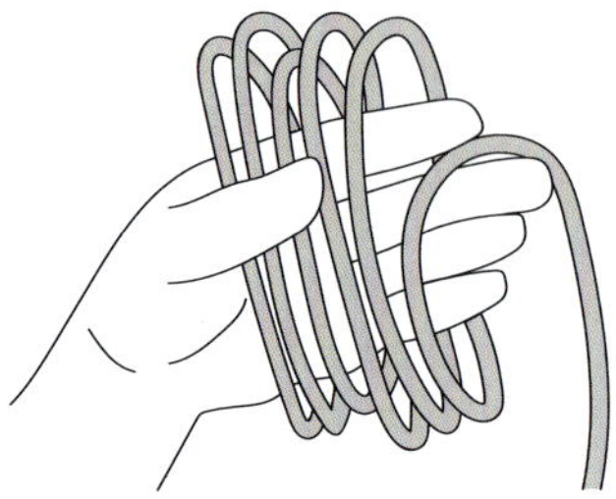

1. Den Faden vertikal um die Handfläche einer Hand wickeln und eine Kugel unter die Schlingen schieben. Alternativ die Kugel in der Hand halten und Faden so wickeln.

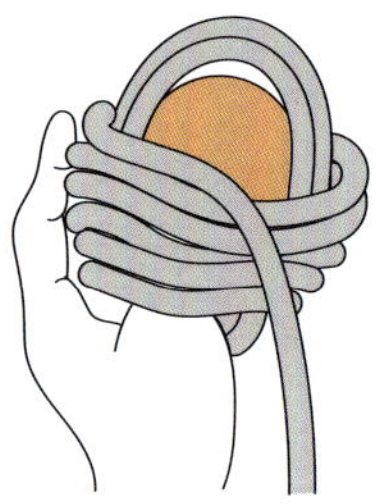

2. Dann den Faden waagerecht um die Kugel und die vertikalen Schlingen wickeln, wobei die vertikalen Schlingen zusammengezogen werden.

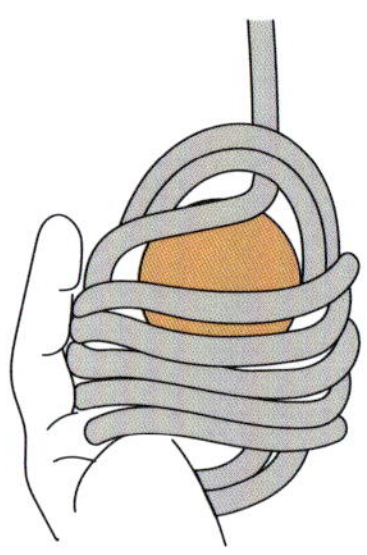

3. Den Faden oben zwischen den ersten vertikalen Schlingen und der Kugel hindurchführen.

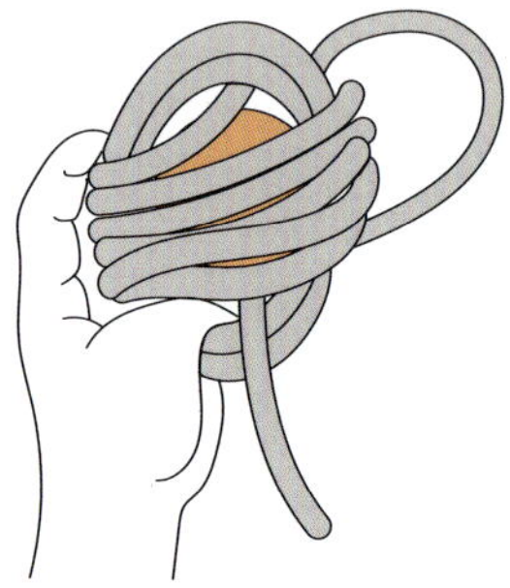

4. Den Faden zwischen der Kugel und der ersten vertikalen Schlinge nach unten führen.

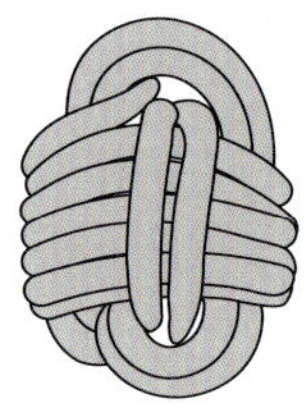

5. Den Faden weiter umwickeln, wie in den Schritten 3 und 4 beschrieben, bis die Kugel nicht mehr zu sehen ist.

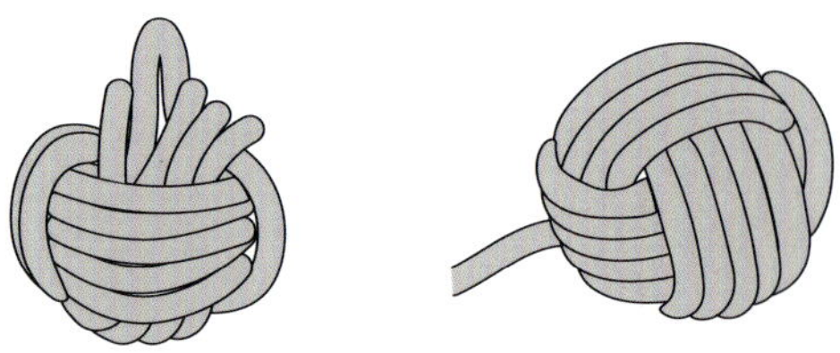

6. Von der ersten Schlinge ausgehend, die Schlingen nacheinander festzurren, sodass ein fester Ball entsteht.

EINFACHE NETZKNOTEN

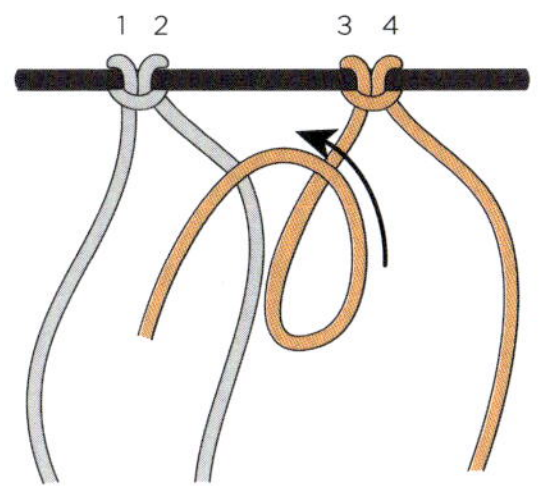

1. Mit vier Fäden beginnen (sie bilden die Mitte des zukünftigen Makramee-Netzes). Eine Schlaufe mit Faden 3 um Faden 2 legen.

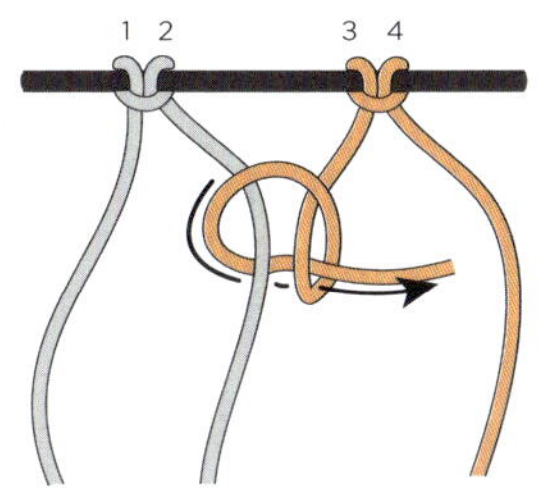

2. Das Ende von Faden 3 unter Faden 2 hindurchführen und durch die Schlaufe ziehen.

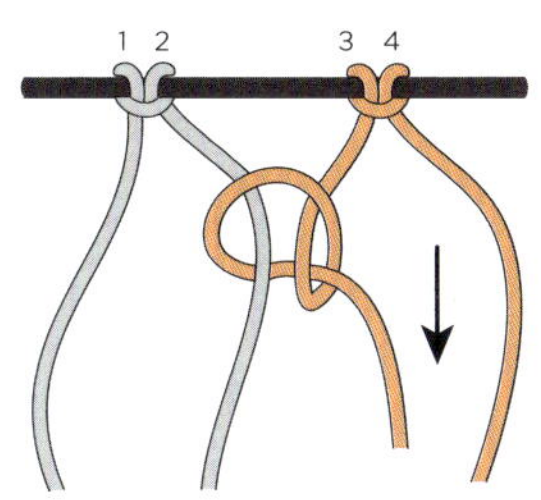

3. Den Knoten um Faden 2 festzurren, indem man Faden 3 nach unten zieht.

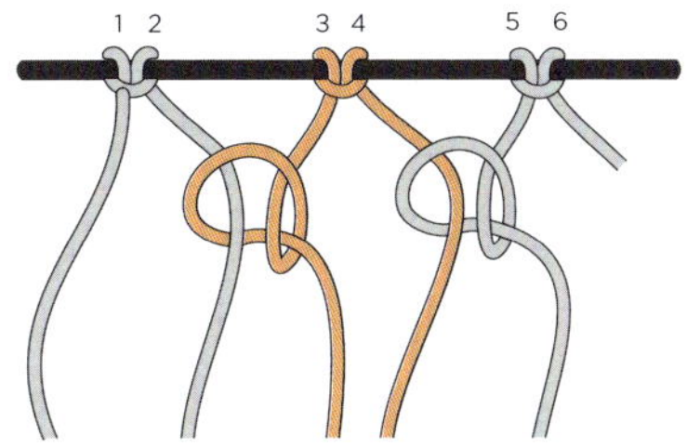

4. An beiden Seiten dieses zentralen Knotens arbeiten. Mit Faden 5 einen Knoten um Faden 4 binden, auf gleicher Höhe wie der vorherige Knoten. Schritte 1, 2 und 3 wiederholen.

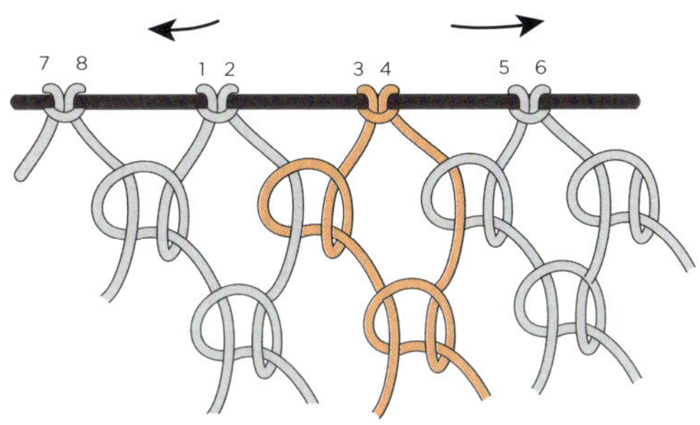

5. Einen Knoten mit Faden 1 um Faden 8 knüpfen.

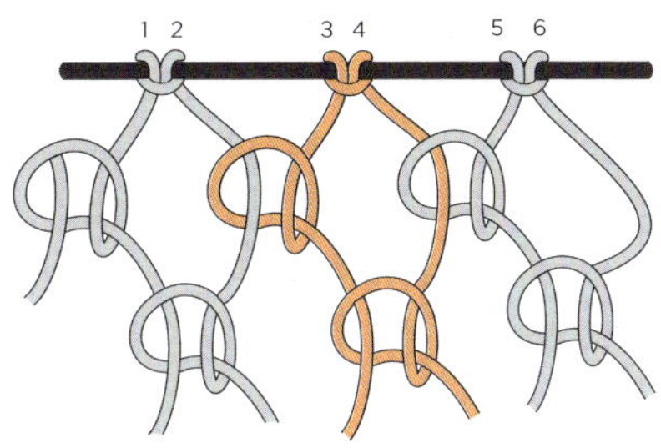

6. In der nächsten Reihe die Knoten versetzt anbringen. Die beiden Reihen alternierend wiederholen.

VERTIKALER HALBER SCHLAG

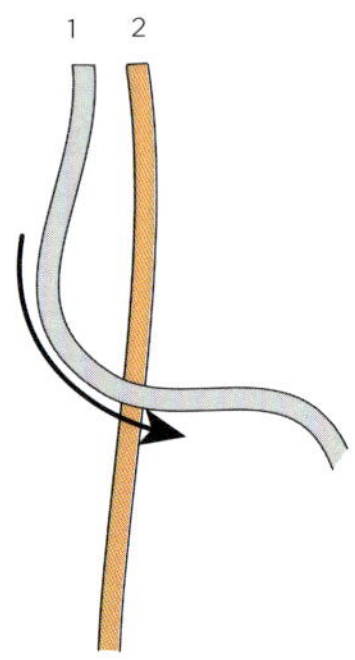

1. Eine Schlaufe bilden, indem man Faden 1 über Faden 2 legt.

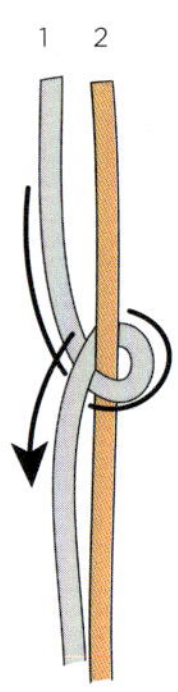

2. Faden 1 hinter Faden 2 führen und durch die Schlaufe zwischen Faden 1 und Faden 2 hindurch.

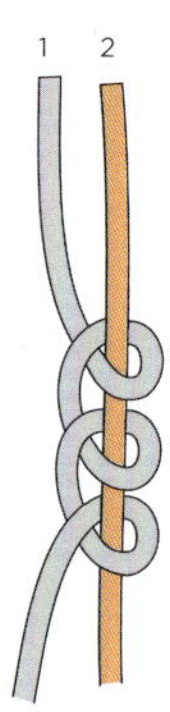

3. Für eine Serie weitere Halbe Schläge immer in dieselbe Richtung führen.

KAPUZINERKNOTEN

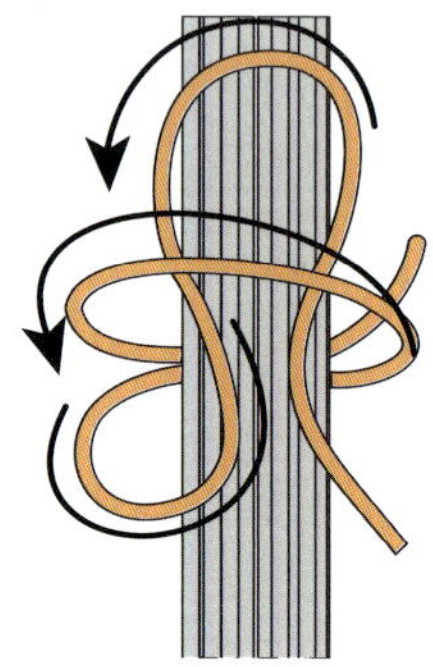

1. Die Trägerfäden bündeln. Mit einem Arbeitsfaden eine Schlaufe legen und den Faden um Schlaufe und Fadenbündel wickeln. Ein Ende des Arbeitsfadens gegenüber der Schlaufe herausragen lassen.

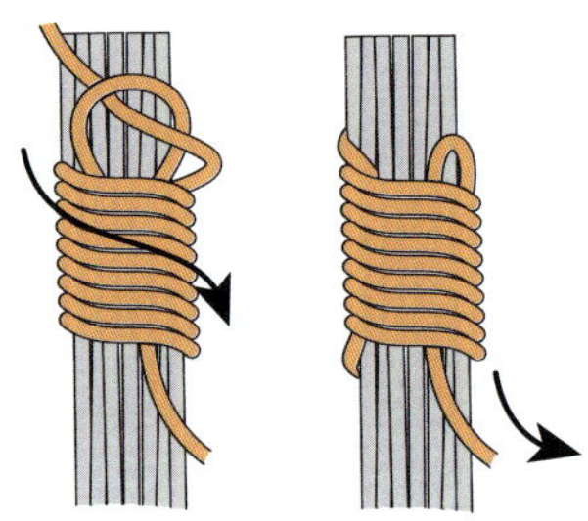

2. Mehrere eng beieinanderliegende Umwicklungen vornehmen, dann den Arbeitsfaden durch die Schlaufe ziehen. Das Fadenende mit einer Durchziehnadel unter der Umwicklung hindurchführen und nach unten ziehen.

BREZENKNOTEN

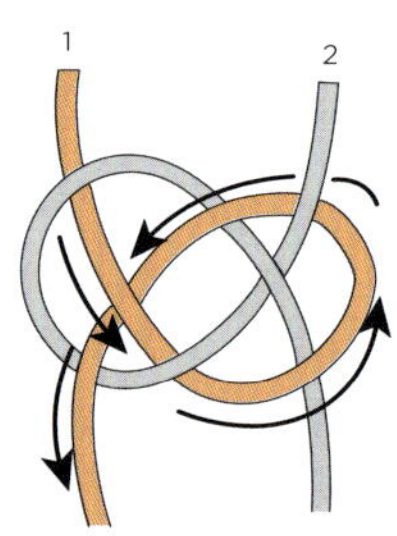

Mit Faden 1 eine Schlaufe legen.
Mit Faden 2 eine zweite Schlaufe durch die erste führen. An den Fadenenden ziehen, um den Knoten festzuzurren.

ZOPF MIT ACHT FÄDEN

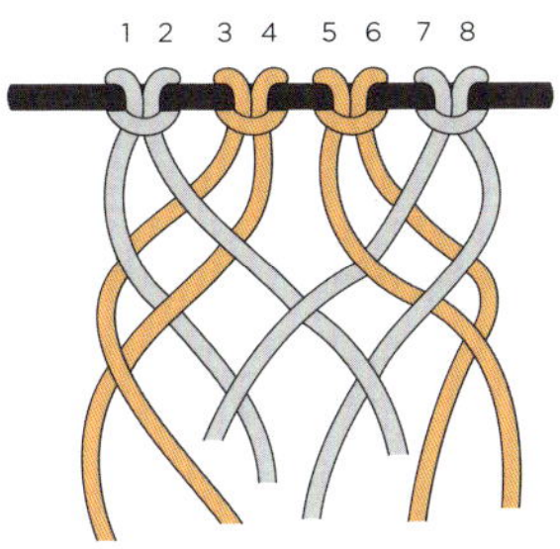

1. Mit acht gleich langen Fäden flechten. Hierfür die Fäden 1 und 2 sowie die Fäden 7 und 8 in Richtung der Innenseite des Zopfes legen.

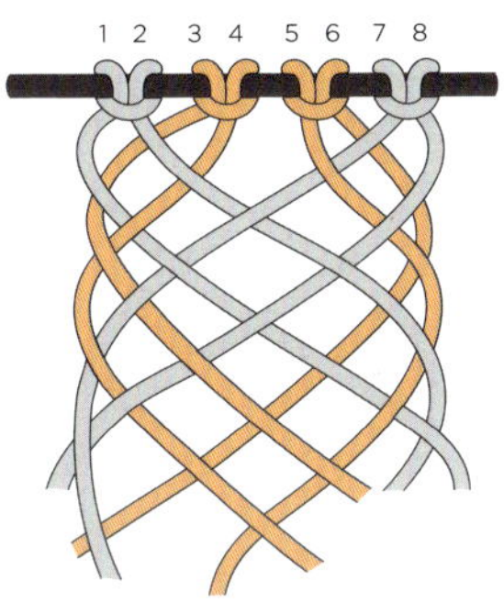

2. Die Fäden 3 und 4 sowie 5 und 6, die sich nach außen verlagert haben, in Richtung Innenseite des Zopfes legen.

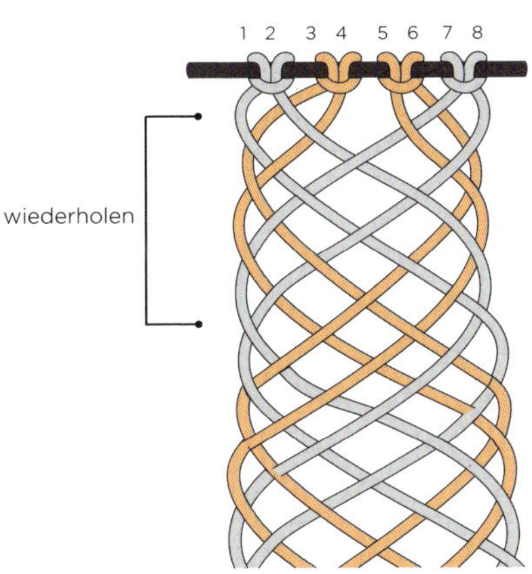

3. Fortfahren, indem man die acht Fäden regelmäßig über Kreuz legt und die Schritte 1 und 2 wiederholt.

VIERECKIGER ZOPF

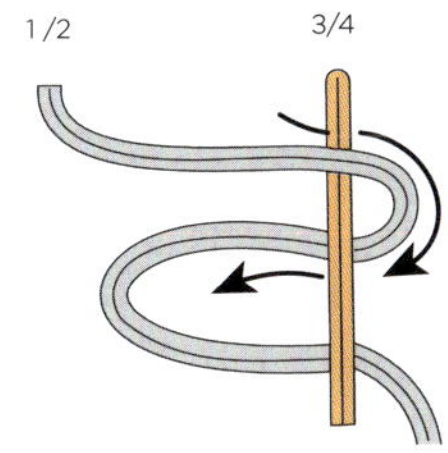

1. Mit zwei Doppelfäden arbeiten. Eine s-förmige Schlange bilden mit dem Doppelfaden 1/2. Den Doppelfaden 3/4 senkrecht unterhalb der ersten Schleife der Schlange hindurchführen und dann oberhalb der nächsten.

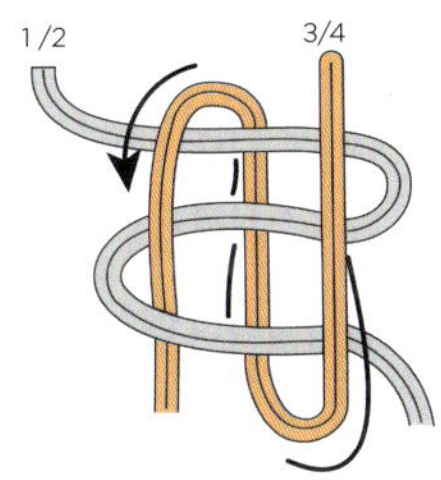

2. Den Doppelfaden 3/4 falten und unter die gesamte Schlange legen. Erneut falten und über die obere Schlinge der Schlange legen, dann durch die untere Schlinge der Schlange führen.

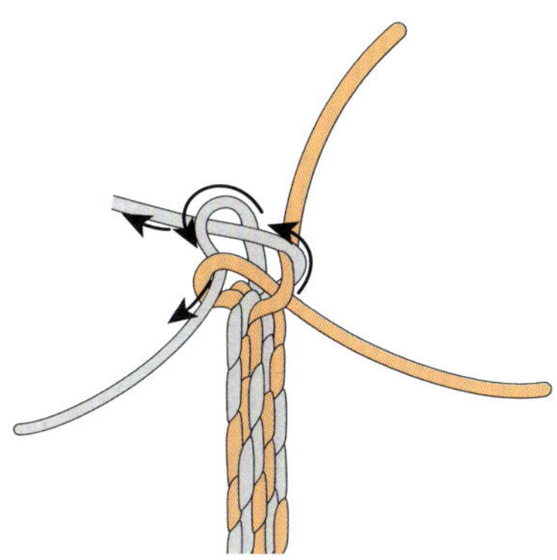

3. Mit Faden 1 eine Schlaufe bilden und das Fadenende durch eine Schlaufe von Faden 4 ziehen. Die Schritte 5 und 6 mit den beiden anderen Fäden in der gegenüberliegenden Diagonale wiederholen.

EINFACHE VERTIKALE RIPPE

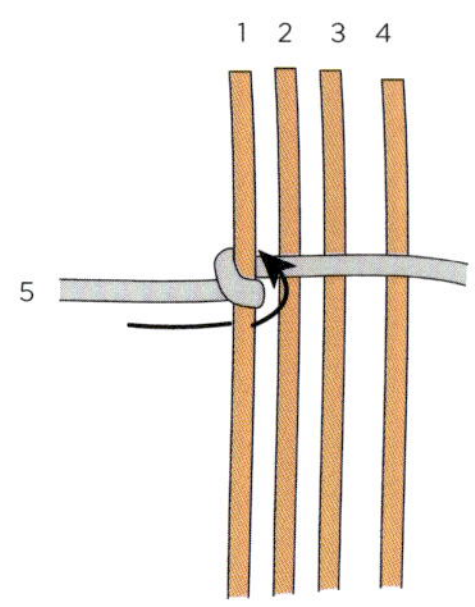

1. Die vertikalen Fäden 1–4 sind inaktive Trägerfäden. Mit dem Arbeitsfaden 5 vertikal von links nach rechts einen Halben Schlag um Faden 1 legen.

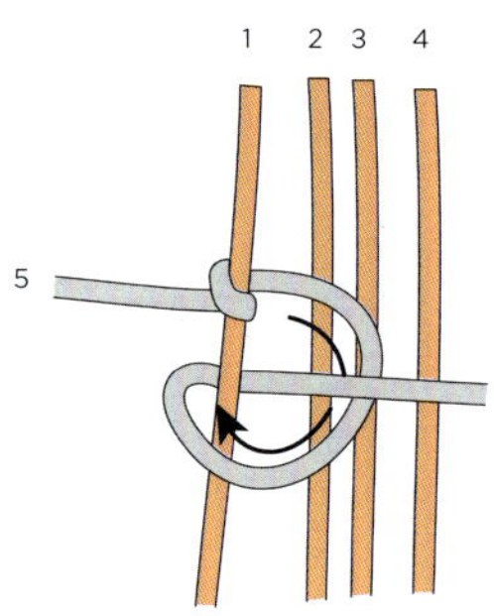

2. Mit dem Abeitsfaden 5 um Faden 1 eine Schlaufe legen und das Arbeitsfadenende durch die Schlaufe ziehen.

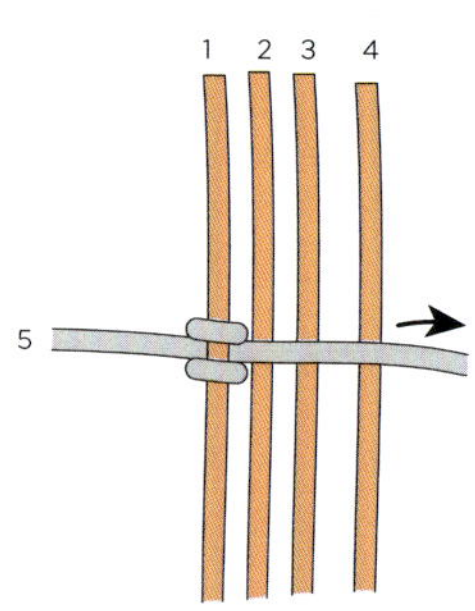

3. Den aus den beiden Schlaufen gebildeten Knoten locker anziehen. Die Schritte 1–3 in vertikaler Richtung an den Fäden 2, 3 und 4 wiederholen.

EINFACHE DIAGONALE RIPPE

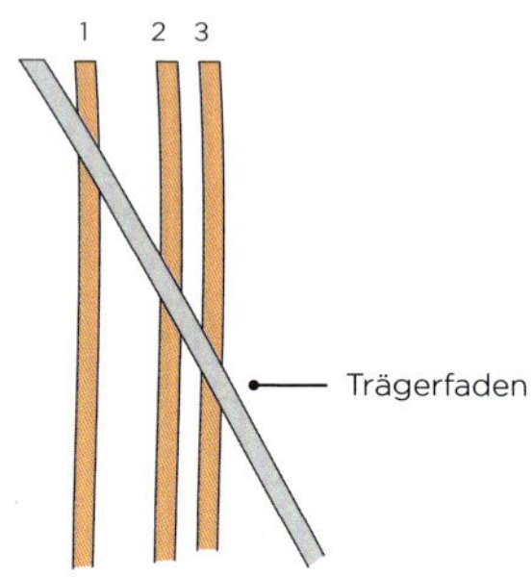

1. Den Trägerfaden diagonal im gewünschten Winkel über den senkrechten Fäden positionieren.

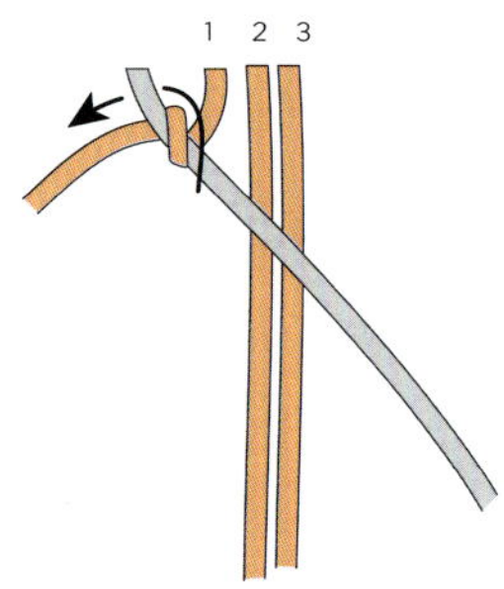

2. Die erste Reihe von links nach rechts arbeiten: Faden 1 um den Trägerfaden wickeln, um eine Schlaufe zu bilden.

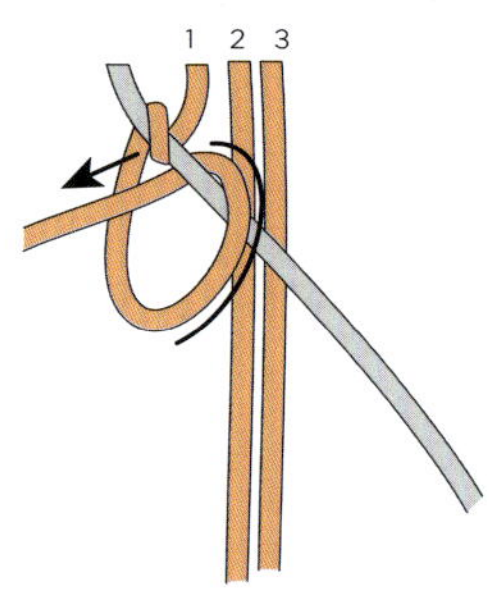

3. Faden1 erneut um den Trägerfaden wickeln, um eine zweite Schlaufe zu bilden, dann sein Ende durch die beiden Schlaufen führen. Den Knoten locker anziehen. Auf die gleiche Weise weitere Knoten mit den Fäden 2 und 3 binden.

DOPPELTE VERTIKALE RIPPE

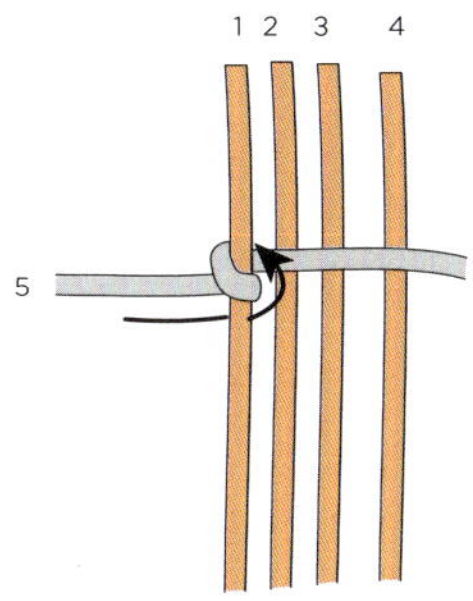

1. Die vertikalen Fäden 1–4 sind inaktive Trägerfäden. Mit dem Arbeitsfaden 5 vertikal von links nach rechts einen Halben Schlag um Faden 1 legen.

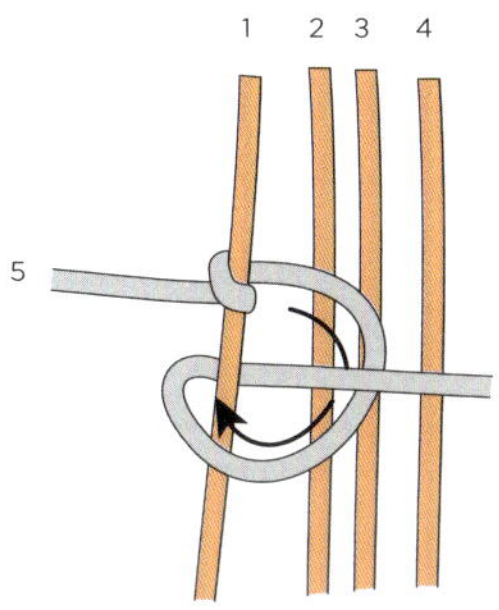

2. Mit dem Arbeitsfaden 5 um Faden 1 eine Schlaufe legen und das Arbeitsfadenende durch die Schlaufe ziehen.

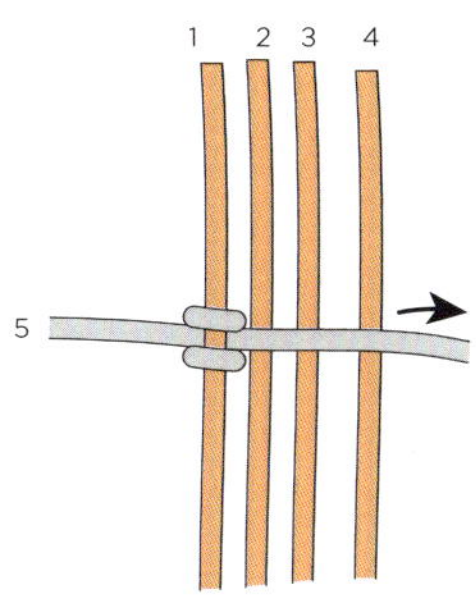

3. Den aus den beiden Schlaufen gebildeten Knoten locker anziehen. Die Schritte 1–3 in leicht abgeschrägter Richtung an den Fäden 2, 3 und 4 wiederholen.

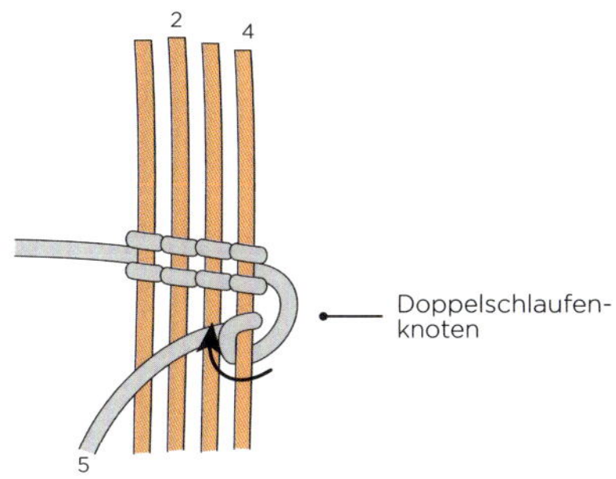

4. Für die nächste Reihe Faden 5 unter Faden 4 hindurchführen und zu einer Schlaufe formen.

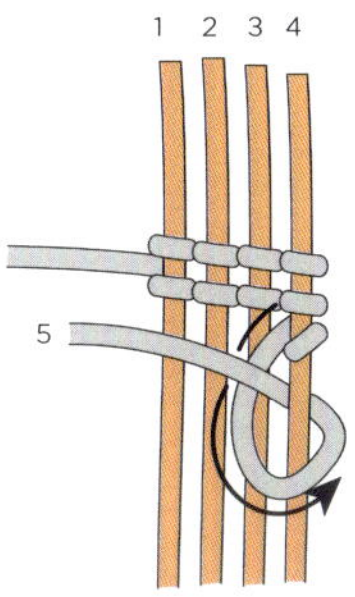

5. Faden 5 über Faden 4 wickeln, um eine Schlaufe zu bilden, dann zwischen den Schlaufen hindurchziehen.

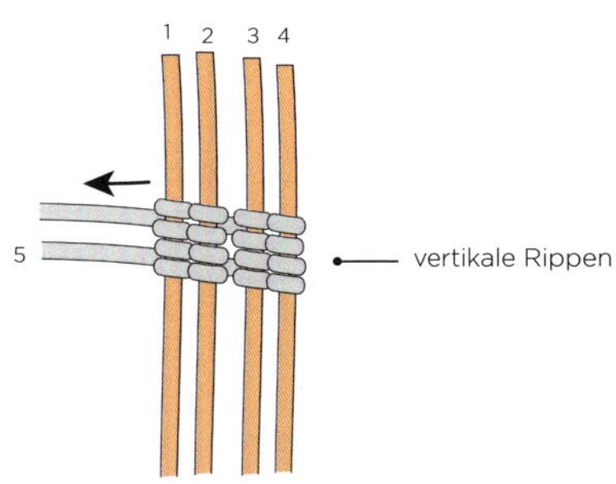

6. Die Schritte 4 und 5 für die gesamte Reihe wiederholen. Dann die Reihen zusammenschieben, um einen vertikalen Rippen-Effekt zu erzielen.

DOPPELTE DIAGONALE RIPPE

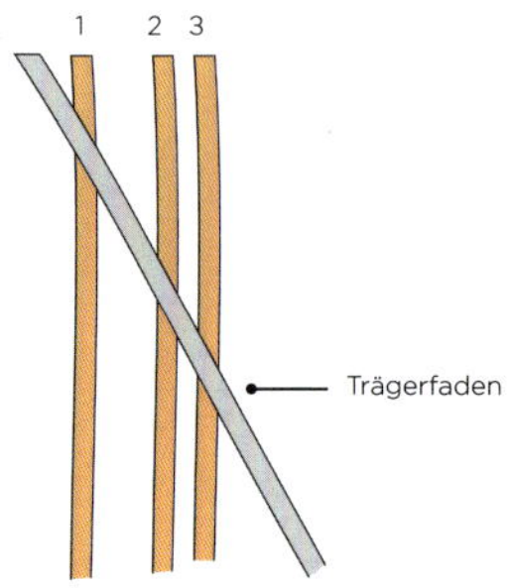

1. Den Trägerfaden diagonal über die vertikalen Fäden legen.

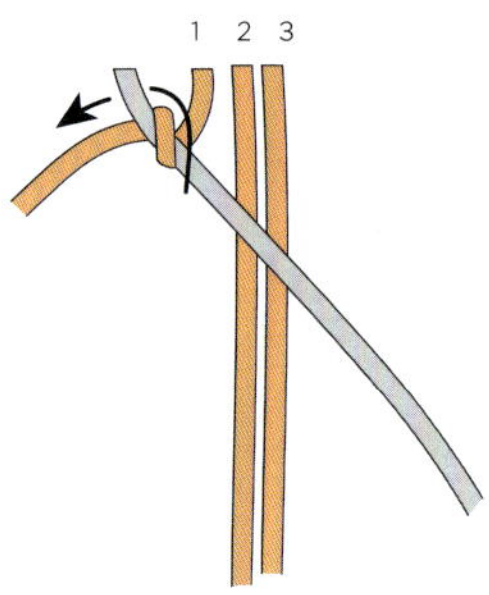

2. Die erste Reihe von links nach rechts arbeiten. Faden 1 um den Trägerfaden schlingen, um eine Schlaufe zu bilden.

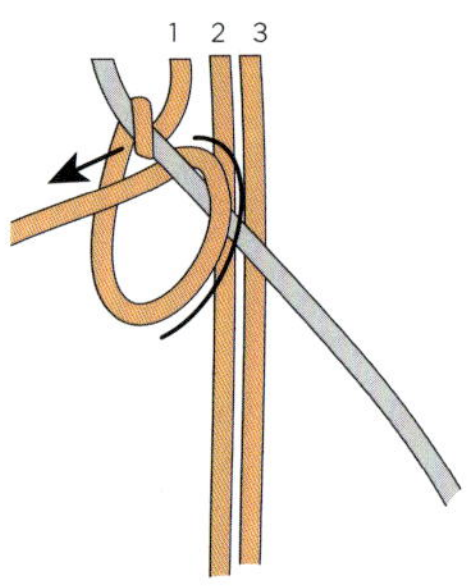

3. Faden 1 erneut um den Trägerfaden schlingen, um eine zweite Schlaufe zu bilden und das Fadenende zwischen den beiden Schleifen hindurchziehen.

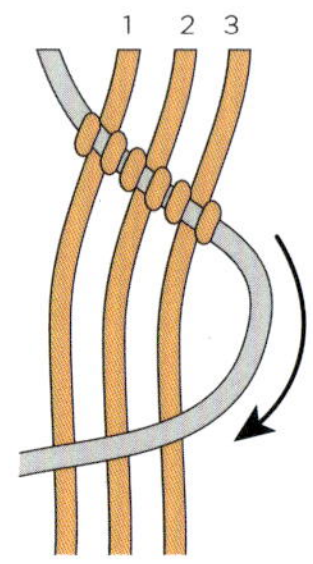

4. Den Knoten, der durch die beiden Schleifen gebildet wird, locker anziehen. Die Schritte 1–3 mit den Fäden 2 und 3 wiederholen.

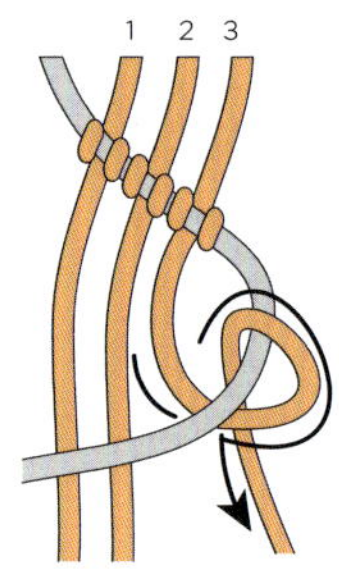

5. Die zweite Reihe von rechts nach links arbeiten. Den Trägerfaden an der gegenüberliegenden Schräge falten und mit Faden 3 zu einer Schlaufe binden.

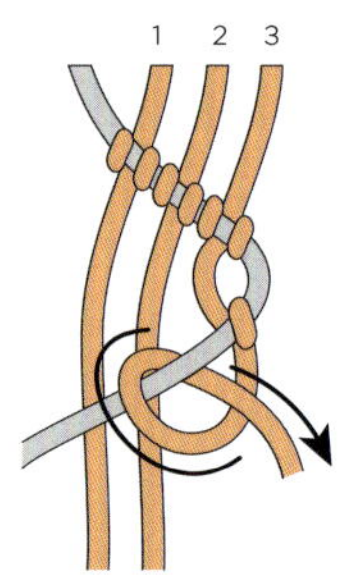

6. Eine zweite Schlaufe mit Faden 3 bilden, um den ersten Knoten am zweiten Faden anzuknüpfen. Dann die Fäden 2 und 1 auf die gleiche Weise verbinden.

STRICKLIESEL-KNÜPFUNG

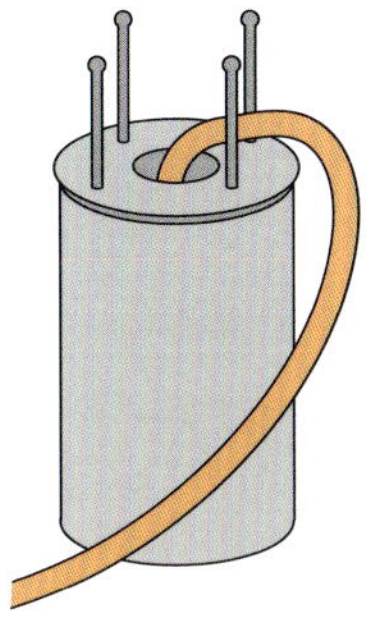

1. Den Faden durch die Strickliesel führen, sodass das lose Ende unten etwa 15 cm lang herausragt.

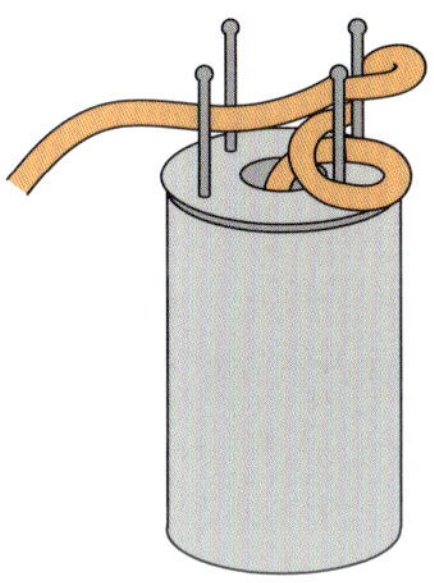

2. Das Ende des Fadens mit der Hand fixieren, die auch die Strickliesel hält. Den Faden im Uhrzeigersinn um einen der Haken wickeln und dann um den nächsten.

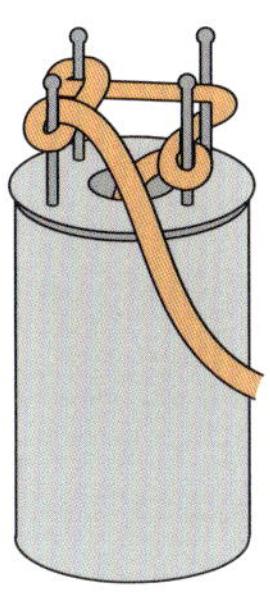

3. Den Faden auf die gleiche Weise jeweils um die beiden anderen Haken wickeln und zwischen den Haken hindurch ziehen.

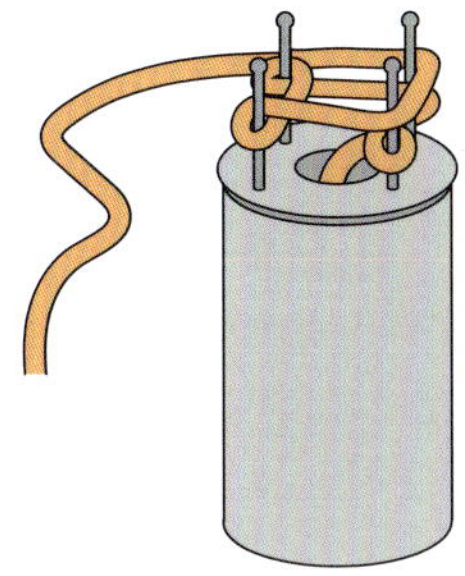

4. Den Faden straff außen um die vier Haken ziehen, die Haken dabei aber nicht einzeln umwickeln.

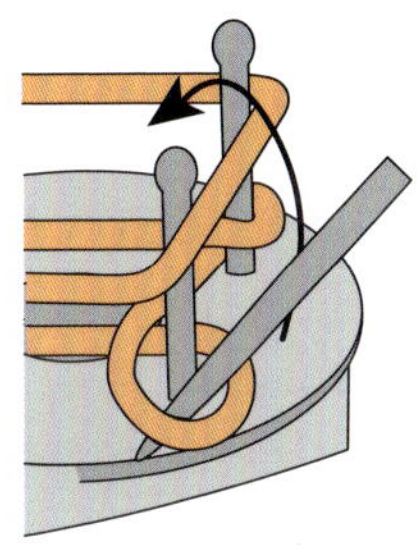

5. Den um den ersten Haken gewickelten Faden mit der Spitze einer Strick- oder Häkelnadel aufnehmen und über den gestrafften Faden sowie über den Haken ziehen. An den anderen drei Haken wiederholen.

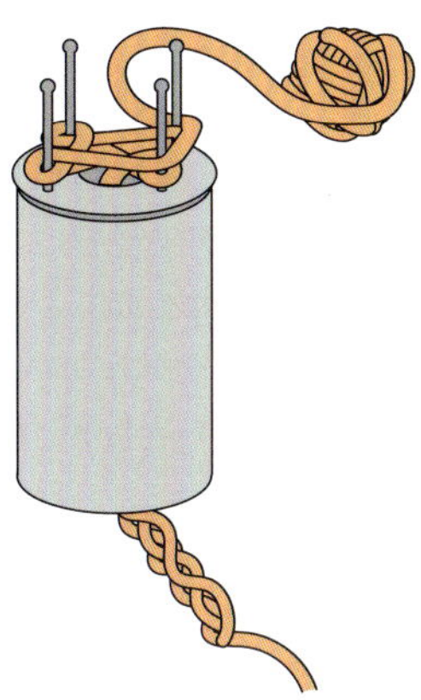

6. Dann die Schritte 4 und 5 wiederholen, bis die gewünschte Länge des Schlauchbandes erreicht ist. Ab und zu am unten herausragenden Faden ziehen, um oben weiterarbeiten zu können.

1. Je nach Stärke des gewählten Fadens sollte man bei der Berechnung der für ein Projekt benötigten Seillänge im Allgemeinen das 3- bis 5-Fache der Größe des fertigen Projekts einkalkulieren.
2. Um Verschwendung zu vermeiden, ist es besser, nach und nach Fäden nach Bedarf zuzuschneiden, anstatt alle Stücke zu Beginn der Arbeit.
3. Immer darauf achten, dass die Knoten fest sitzen, denn Baumwolle neigt dazu, sich mit der Zeit zu dehnen.
4. Beim Makramee kann man mit einer Vielzahl von Materialien arbeiten: Baumwollseile oder -kordeln natürlich, aber auch Lederschnüre, Textilbänder, Wolle, Bast und vieles mehr sind denkbar. Man kann das Material je nach Verwendungszweck auswählen und je nachdem, was gerade verfügbar ist.
5. Immer dafür sorgen, dass man genug Schnur hat, um ein Projekt abzuschließen. Besser zu viel als zu wenig.
6. Baumwollseile neigen zum Ausfransen. Wenn man keinen Fransenlook möchte, sollte man die Enden mit Klebeband abkleben, bevor man ein Projekt beginnt.
7. Bevor man ein Projekt in Angriff nimmt, sollte man das Knüpfen der Knoten üben, die dabei benötigt werden. Man hat den Dreh bald raus.
8. Beim Färben von Garn empfiehlt es sich, ein weißes oder naturweißes Produkt zu verwenden.
9. Besonders regelmäßig wird das Makramee, wenn man immer die gleiche Spannung und den Knotenabstand einheitlich hält.
10. Makramee-Knüpfen hat regelrecht kunsttherapeutische Qualitäten. Es gibt kaum etwas Schöneres, als sich in einem ruhigen Moment dieser handwerklichen Tätigkeit zu widmen, die einen dazu bringt, sich zu konzentrieren und zu sammeln. Viel Spaß dabei!

DANK

An Alexandra, die immer als Erste meine Projekte begutachtet und mich in deren Ausarbeitung berät. Ich hoffe, sie verliert nie die Lust daran!

An Odile, Sylvie, Sophie, meine treuen Freundinnen in der DIY-Welt (und nicht nur dort!). An Pascale, die immer das richtige Wort findet, um die Kreativität anzuregen und die richtige Form zu finden. An Julie, für ihre wunderschönen Fotos, die meine Kreationen so perfekt in Szene setzen. An Lucie, für ihre Bleistiftstriche und Zeichnungen, die unerlässlich sind, um Knoten zu verstehen – ein Bild sagt mehr als tausend Worte!

An meine Familie und den jüngsten Neuankömmling, Alexandre.

An Sébastien, für seine herrlichen und superleckeren Brezeln, die so inspirierend für Makramee sind (schließlich kommen wir immer wieder darauf zurück: Essen und DIY gehen für mich Hand in Hand und gehören zusammen!) An meine Feinschmeckerfreund*innen Isabelle und Nicolas Bernardé, das Team von La Garenne. An Christophe Felder für all seine wunderbaren Rezepte für kleine Leckereien, die mir in all den Stunden des Schaffens und der Verwirklichung meiner Projekte als Treibstoff dienten.

An Serge Knapp, der auch aus der Ferne immer für mich da ist.

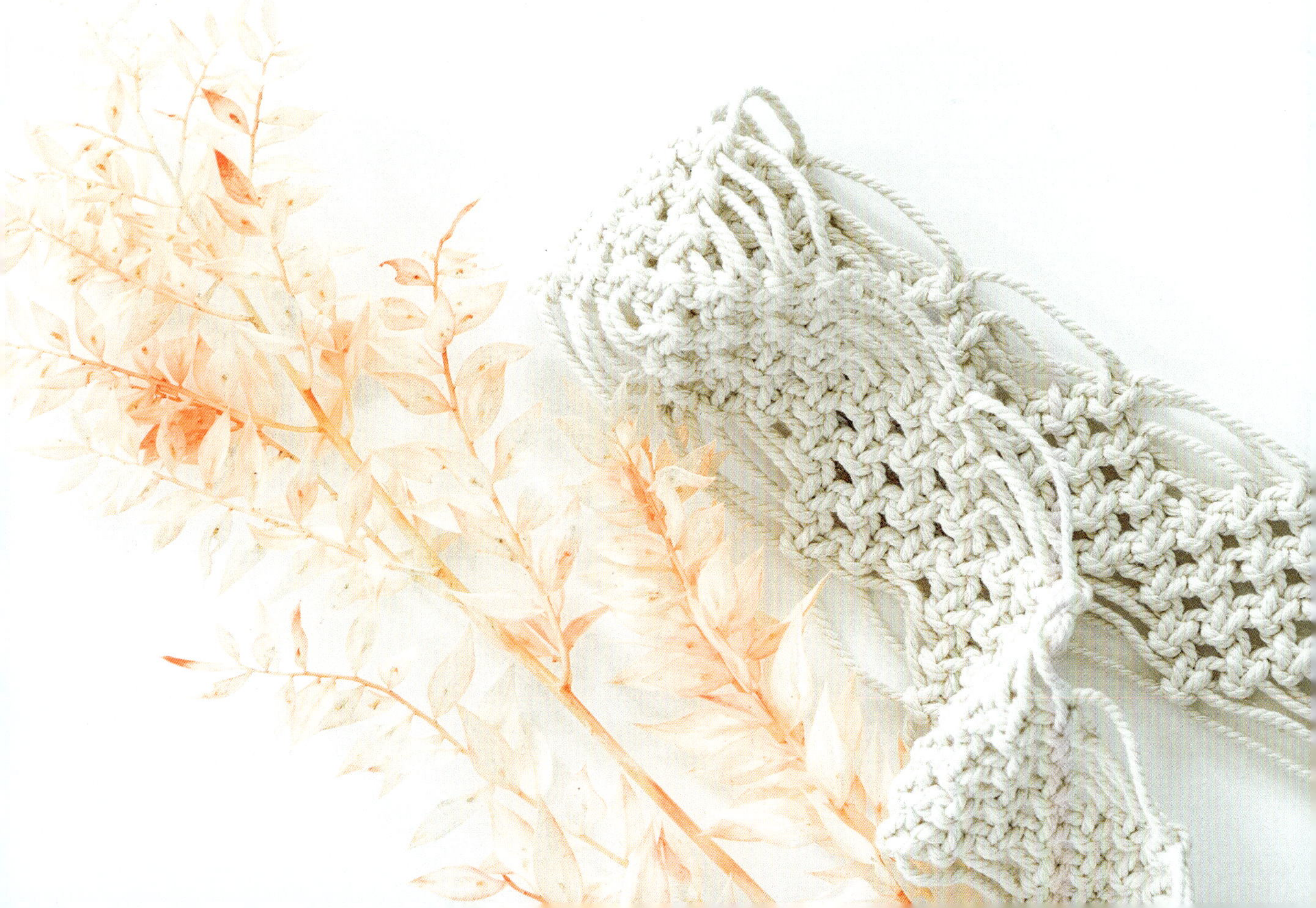

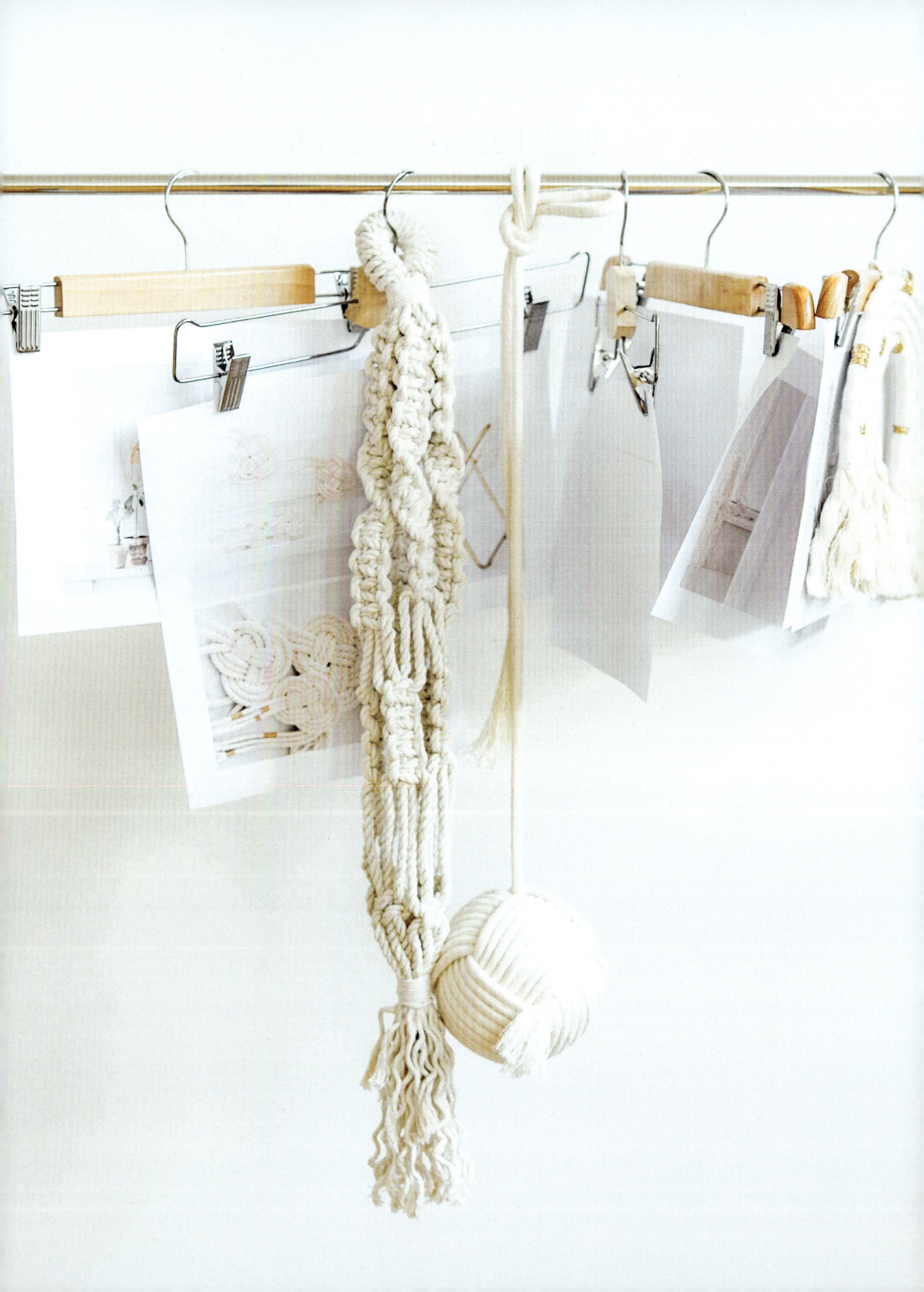

BEZUGSADRESSEN

Seile, Kordeln und Garne:

Makramee-Shop
makramee-shop.com

SEIZE Paris
seizeparis.com

DMC
dmc.com

Recycelte Garne
retwisst.com

Werkzeuge und Utensilien:

Buttinette
basteln-de.buttinette.com

BHV Paris
www.bhv.fr

HANDARBEITSWAREN
handarbeitswaren.de

Vieles bekommt man auch vor Ort in Gebrauchtwarenläden, Drogerien und Kurzwarenläden sowie auf Floh- und Bauernmärkten.

Originalausgabe unter dem Titel *L'atelier Macramé* erschienen bei:
© Marabout (Hachette Livre) 2021, Édité par Hachette livre (58, rue Jean-Bleuzen - 92178 Vanves Cedex)
Fotografien: Julie Robert
Layout: Frédéric Voisin
Zeichnungen: Lucy Texier

Für die deutsche Ausgabe:
Verantwortlich: Svenja Wiglinghaus
Übersetzung, Lektorat, Satz und Produktmanagement:
VerlagsService Dietmar Schmitz GmbH
Umschlaggestaltung: Irina von Feury
Herstellung: Kathleen Baumann
Printed in Slovakia by Neografia

Die Deutsche Nationalbibliothek verzeichnet diese Publikation in der Deutschen Nationalbibliografie; detaillierte bibliografische Daten sind im Internet über https://www.dnb.de/ abrufbar.

ISBN 978-3-8388-3812-0

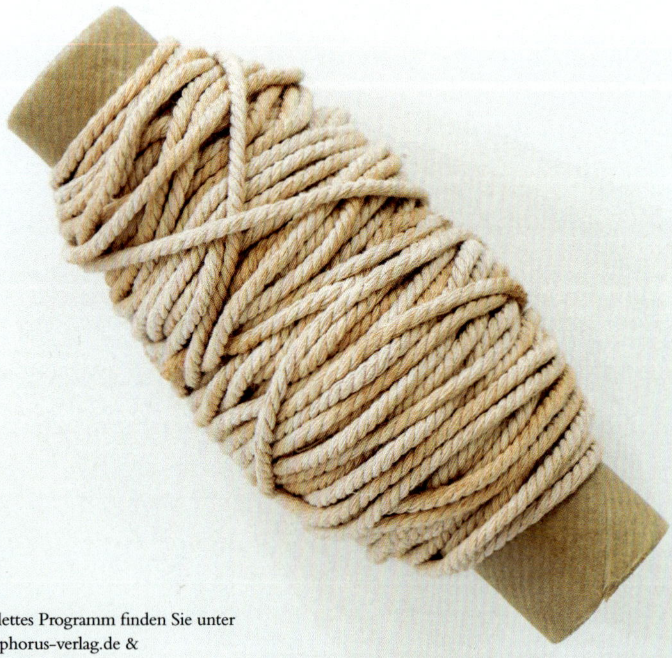